# APRENDER A APRENDER Y LA NAVEGACIÓN DE LOS ESTADOS DE ÁNIMO

## LA METAHABILIDAD PARA LA ADQUISICIÓN DE HABILIDADES

# APRENDER A APRENDER Y LA NAVEGACIÓN DE LOS ESTADOS DE ÁNIMO

## LA METAHABILIDAD PARA LA ADQUISICIÓN DE HABILIDADES

Gloria P. Flores

# Prólogo

En 1980, lo que después se conocería como "Modelo de Habilidades de Dreyfus", apareció por primera vez en un informe que preparamos para la Fuerza Área de Estados Unidos sobre la adquisición de destrezas en el entrenamiento de aviadores. Aunque la forma en que presentamos las diferentes etapas que conforman este modelo ha evolucionado con los años, un elemento ha permanecido igual: nuestra convicción de que el compromiso emocional es esencial para subir por la escalera de la adquisición de nuevas competencias. En palabras simples, para que podamos obtener nuevas habilidades, nos tiene que importar qué tan bien nos está yendo en nuestro aprendizaje. Si somos indiferentes ante la comisión de errores o ante el hecho de no poder mejorar, no tendremos apertura a lo que podremos *aprender* cuando nos equivocamos. Sentirnos mal cuando hacemos algo mal, y sentirnos bien al hacer las cosas bien, son acciones extremadamente importantes para mejorar en el proceso de aprendizaje de la habilidad que estemos, valga la redundancia, aprendiendo.

Sin embargo, la vulnerabilidad ante estos altibajos emocionales puede desanimar a cualquier aprendiz. Sentirse mal por hacer las cosas mal y no lograr avanzar, a menudo puede hacer que los aprendices se abstengan de correr riesgos y esforzarse por mejorar, dejándolos estancados en un nivel que llamamos "de principiantes avanzados".

El trabajo de Gloria Flores sobre cómo "aprender a aprender" amplía el nuestro al profundizar en el análisis de los tipos de respuestas afectivas, que ella denomina *estados de ánimo*, que pueden aparecer en cada etapa del aprendizaje (por ejemplo, frustración, arrogancia, perplejidad, ambición y confianza, por nombrar solo algunos). Muchas de estas emociones pueden llevarnos a una interrupción o al abandono del aprendizaje, si no estamos preparados para reconocerlas y enfrentarlas.

Alguien que tiene una aversión al fracaso, y a las emociones y estados de ánimo negativos que este puede producir, no podrá avanzar más allá de la mera competencia. Pese a que este tipo de estancamiento y renuncia es un efecto secundario previsto y descrito por el *Modelo de Habilidades*, en nuestro trabajo posterior sobre la adquisición de habilidades no hemos buscado responder la pregunta sobre cómo un aprendiz comprometido emocionalmente puede navegar y lidiar con los altibajos emocionales que siempre aparecen al aprender algo nuevo. La visión de Gloria sobre la función de los estados de ánimo en el aprendizaje constituye el eslabón perdido esencial entre una insistencia descriptiva en el compromiso emocional con el aprendizaje, por un lado, y una guía para enfrentar activamente las desafiantes e inevitables vicisitudes de dicho compromiso emocional, por otro.

El ensayo que se presenta en este libro está lleno de ejemplos de aprendices que sucumbieron ante obstáculos emocionales en su camino de aprendizaje, ya sea un niño pequeño que renuncia a aprender matemáticas, o un consultor de medios que se niega a aprender a jugar el videojuego que se está usando en un ejercicio de capacitación para el trabajo en equipo. Dada la dinámica emocional del aprendizaje, es demasiado fácil que un aprendiz caiga en un estado de ánimo negativo, como la resignación o la impaciencia. Estos estados de ánimo son formas en las cuales el necesario compromiso emocional del aprendiz, irónicamente, obstaculiza su aprendizaje.

Una de las contribuciones clave de este trabajo es la taxonomía de los estados de ánimo que suelen estar involucrados cuando aprendemos una nueva habilidad. Junto con la visión sobre cómo podemos salir de los estados de ánimo que representan obstáculos al aprendizaje, y avanzar hacia aquellos que, en cambio, son conducentes al aprendizaje, esta taxonomía muestra un camino para que los aprendices se vuelvan más receptivos a lo que revelan sus estados de ánimo sobre el progreso de su proceso de aprendizaje. Esta mayor sensibilidad a la dimensión reveladora de los estados de ánimo puede permitir a los aprendices utilizarlos para reflexionar sobre sus procesos de aprendizaje, empoderándolos para avanzar en lugar de someterse a sus vulnerabilidades emocionales y renunciar.

De esta manera, los aprendices pueden desarrollar una "meta-habilidad" para adquirir habilidades, incluyendo la de tomar conciencia sobre los estados de ánimo en los que uno cae mientras aprende, para ver las expectativas y los juicios posiblemente poco realistas o infundados que éstos revelan, y para cultivar estados de ánimo conducentes al aprendizaje, como la determinación y la ambición.

En la segunda mitad de su ensayo, Gloria expande útilmente el modelo de habilidades original, trasladándolo a la dimensión social. Nuestro modelo de habilidades fue expresado originalmente en términos de las habilidades que un individuo ejecuta principalmente por cuenta propia, situaciones donde las interacciones con otros son relegadas, en gran medida, a un plano estratégico—por ejemplo, pilotear un avión, conducir un coche, o jugar al ajedrez. Pero aquí el modelo de habilidades se amplía para arrojar luz sobre la adquisición de habilidades *esencialmente sociales*: aquellas que se necesita para coordinar la acción grupal cooperativa. Los desafíos emocionales del aprendizaje surgen con mayor intensidad en las habilidades que tienen que ver con trabajar y coordinarse con otras personas, ya que ahora estamos enfrentando no solo los altibajos de nuestra propia acción, sino también aquellos que seguramente aparecerán en la manera en que los demás nos tratan, y en cómo ellos logran o no cumplir con nuestras expectativas y estándares.

Dados los desafíos adicionales que implica aprender estas habilidades sociales, el trabajo realizado por Gloria en este libro será una contribución muy importante para cada uno de los que tienen que coordinarse con otras personas; es decir, para todos nosotros. Por eso recomendamos que este ensayo sea leído atentamente y que su contenido provoque reflexión y acción.

Stuart E. Dreyfus, Hubert L. Dreyfus, y B. Scot Rousse

# Segundo Prólogo

**M**e dedico a enseñar el uso de sistemas operativos informáticos a estudiantes de posgrado. Estos sistemas son una tecnología difícil de dominar, por lo que es fácil que los estudiantes caigan en estados de ánimo improductivos al acometer su estudio. En muchas ocasiones, he visto a estudiantes que no han sido capaces de escapar de ciertos estados de ánimo improductivos, lo que les ha significado recibir malas calificaciones y quedarse con una sensación de insatisfacción ante el curso.

La visión de Gloria Flores de los estados de ánimo como una fuerza invisible que puede apoyar o bloquear el aprendizaje es un gran avance para los educadores. Si no eres consciente de tus propios estados de ánimo, lo único que puedes ver es que fuiste capaz de aprender esto pero no aquello, pero no puedes explicar por qué pudiste aprender esto pero no aquello. Por lo tanto, para ayudar a los estudiantes a aprender, como maestro necesito aprender cómo enseñarles a reconocer sus estados de ánimo, e incluso mejor, enseñarles a transformarlos en estados de ánimo productivos.

En este libro, la autora señala que los niños pequeños tienden a vivir en estados de ánimo productivos, porque siempre están ansiosos por aprender cosas nuevas. Ya en sus años de adolescencia, y a veces mucho antes, muchos han cambiado: parecen frustrarse fácilmente, temen a los errores, y desconfían de sus propias habilidades. En estos estados de ánimo, se ponen a la defensiva y resisten el aprendizaje. Ella señala que los adultos también caen en estados de ánimo que bloquean el aprendizaje. Por ejemplo, los expertos adultos confían en sus habilidades, pero cuando los ponen en una situación en la que necesitan aprender algo nuevo, muchos rápidamente se sienten incómodos y pierden su confianza. No aprovechan la oportunidad de aprender algo nuevo; solo quieren escapar. Sus estados de ánimo de confusión, ansiedad, inseguridad, vergüenza y resignación bloquean su desarrollo y progreso profesional. Su larga experiencia los dejó fuera de forma, sin saber cultivar las actitudes positivas de los principiantes –aceptar que uno no sabe algo, darse el tiempo para aprender, o pedir ayuda– y propensos a preocuparse por su reputación si otros los llegan a considerar incompetentes. Al leer la perspectiva de Gloria Flores, me di cuenta de que una de las mayores contribuciones del maestro es ayudar a los estudiantes a reconocer sus estados de ánimo y aprender a transformarlos en estados de ánimo productivos para el aprendizaje.

Recientemente, estos aprendizajes me ayudaron con una cohorte de adultos (de entre 30 y 35 años) que eran estudiantes de posgrado en mi curso de sistemas operativos. Ellos estaban disfrutando el curso, hasta que les tocó su primer examen. Muchos de ellos no obtuvieron las calificaciones que creían merecer, y cayeron en diversos estados de ánimo negativos, incluyendo la desilusión, la ira, e incluso el resentimiento. Inspirado en las ideas de Gloria Flores, decidí no hablarles sobre las respuestas del examen, sino sobre sus estados de ánimo. Escribí una poesía que abordaba todos los estados de ánimo que un principiante probablemente sentirá. Lo llamé "El Credo del Principiante". El texto es el siguiente:

Soy un principiante.
Estoy entrando en un nuevo juego del cual no sé nada.
Todavía no sé cómo moverme en este juego.
Veo a muchas otras personas participando en este juego ahora.
Este juego comenzó muchos años antes de mi llegada.
Soy un nuevo recluta que llega aquí por primera vez.
Veo valor para mí si aprendo a navegar en este ámbito.
Tengo mucho que aprender:
La terminología básica
Las reglas básicas
Las acciones y movimientos básicos
Las estrategias básicas
Mientras aprendo estas cosas podría sentir varias reacciones negativas:
Abrumado por lo mucho que hay que aprender
Inseguro al no saber qué hacer
Inadecuado al sentir que me falta la capacidad para hacer esto
Frustrado y desanimado al ver que avanzo tan lentamente

Enojado porque no he recibido suficiente orientación
Preocupado de no cumplir nunca con expecta-
tivas de las cuales depende mi carrera
Avergonzado de que todos puedan ver mis errores
Pero estos estados de ánimo son parte de ser un principiante.
No le sirve a mi meta ni a mi ambición quedarme pensando en ellos.
Más bien,
Si cometo un error, me preguntaré qué lección me enseña ese error.
Si hago un descubrimiento, voy a celebrar mi momento "¡ajá!".
Si me siento solo, recordaré que tengo mu-
chos amigos dispuestos a ayudarme.
Si estoy atrapado, pediré ayuda a mis maestros.
Con el tiempo, voy a cometer menos errores.
Voy a aumentar mi confianza en mis habilidades.
Necesitaré menos orientación de mis maestros y amigos.
Me familiarizaré con el juego.
Podré tener conversaciones inteligentes con otros jugadores.
No voy a fallar debido a promesas que no pue-
do cumplir por falta de competencias.
Tengo la ambición de hacerme competente, quizás has-
ta avanzado o experto en este juego. Pero por ahora,
Soy un principiante

Al entrar en la sala de clases después de ese examen, vi un mar de ros-
tros consternados y ojos tristes. Les pregunté, "¿Cuántos de ustedes son
expertos en alguna área?" Todas las manos se levantaron. Entonces les pregunté: "¿Cuántos de ustedes se sienten como principiantes con los sistemas operativos?" Todas las manos se levantaron. Entonces les pregunté,
"¿A cuántos de ustedes les *gusta* ser un principiante?" Sólo se levantaron
dos manos. Les dije: "Necesitamos conversar sobre eso".

Entregué el Credo para Principiantes y les pedí que lo leyeran. Cuando
terminaron, lo leí en voz alta para poder entonar sus estados de ánimo. Les
pedí que lo leyeran en solitario todos los días durante una semana. Durante
el resto del curso, los estudiantes estuvieron mucho más relajados acerca
de sus roles como principiantes y estuvieron mucho más involucrados en
los trabajos del curso. Al final del curso, cuando los equipos del proyecto
se pusieron de pie para hacer sus últimas presentaciones ante la clase, un

equipo dijo con orgullo: "¡Somos principiantes! ¡Y miren lo que hemos logrado!" En mis comentarios al finalizar el curso, les dije: "Felicidades. Ahora todos son principiantes avanzados. Están preparados para aprender a ser competentes en los sistemas operativos". Algunos sonrieron con orgullo.

Lo más interesante es que el Credo para Principiantes también reflejaba algunas preocupaciones que mis estudiantes tenían fuera del curso y en otros departamentos de la universidad. Después de leer el Credo, un estudiante inmediatamente preguntó: "¿Puedo darle una copia de esto a mi hijo?" Otro hizo la misma pregunta sobre su jefe. El oficial superior de la Armada en el campus se lo mostró a uno de los estudiantes que estaba teniendo muchas dificultades para aclimatarse a sus estudios; el estudiante dijo: "¡Ojalá me hubieras mostrado esto cuando llegué! Veo que he estado resistiendo demasiado". El bibliotecario del campus enmarcó una copia y la colgó en la pared de la biblioteca. La visión de Gloria Flores es poderosa y habla de un anhelo que muchas personas han sido incapaces de articular.

Dedico este *credo* a Gloria Flores y sus enseñanzas sobre los efectos de los estados de ánimo en el aprendizaje de los estudiantes.

Peter J. Denning

# Prefacio

Hay mucho que decir sobre el aprendizaje; de hecho, mucho se ha dicho en variados libros y artículos escritos por académicos especialistas en educación. Si bien no soy académica, he tenido la oportunidad de trabajar de cerca con muchas personas mientras aprendían a hacer cosas que antes no podían hacer. He observado, una y otra vez, cómo las personas aprenden nuevas habilidades, y con qué frecuencia –a pesar de sus mejores esfuerzos– se topan con *obstáculos emocionales para el aprendizaje* que dificultan su proceso de adquisición de nuevas competencias.

Si bien soy abogada de formación, he dedicado la mayor parte de mi carrera a ayudar a la gente en el desarrollo de habilidades que les permitan trabajar en equipo de forma más eficaz. Mi foco ha estado en permitir que la gente adquiera no solo una comprensión intelectual, sino también la capacidad de realizar actividades en un ámbito específico que no podrían haber realizado antes. Sin duda, cuando iniciamos un nuevo proceso de aprendizaje necesitamos aprender reglas básicas, recibir instrucciones, y orientarnos en las prácticas estándar; sin embargo, mi interés y atención en el fenómeno educativo tiene que ver con cómo cultivamos nuevas habilidades.

Con este enfoque, durante más de siete años mis colegas y yo hemos impartido un curso llamado "Trabajando Eficazmente en Equipos Pequeños", también conocido como WEST, por sus siglas en inglés. Hemos trabajado con personas de muchos países, diversas profesiones, distintos grupos etarios, y varios tipos de organizaciones (empresas del *Fortune 500*, universidades, fuerzas armadas, pequeñas empresas, emprendimientos nuevos, también llamados *start-ups*, y profesionales independientes). Nuestro propósito ha sido ayudar a los participantes en el desarrollo o mejoramiento de habilidades que les permitan trabajar en equipo de manera más eficaz. Por ejemplo, los participantes desarrollan:

- La capacidad de coordinar sus compromisos con los demás.
- La capacidad de aprender unos de otros y de escuchar las preocupaciones de los demás, mediante la enunciación y exploración de juicios o evaluaciones.
- La capacidad de construir confianza.
- La capacidad de cultivar la fortaleza emocional para afrontar, de manera continua, el cambio, la perturbación o lo desconocido.

En nuestro curso, asignamos a nuestros estudiantes materiales de lectura y dirigimos conversaciones en las que presentamos un rico marco teórico para la comunicación entre seres humanos. También establecemos las acciones necesarias para trabajar en equipo de manera más eficaz. Sin embargo, aunque nuestros estudiantes comprenden el marco y desean aprender nuevas habilidades, a menudo tropiezan.

Por ejemplo, una alta ejecutiva de una gran empresa del *Fortune 100* quería aprender a delegar tareas de manera eficaz. Ella tendía a hacer gran parte del trabajo sola, pero cuando llegaba el momento de pedir a los miembros de su equipo que hicieran algo, no podía convencerse a sí misma de hacerlo. Nuestra ejecutiva entendía la importancia de delegar tareas en su equipo, y sabía que tenía la posibilidad de hacer peticiones a las personas. Ciertamente, quería hacerlo, y, además, estaba motivada para aprender a delegar porque pensaba que esto le beneficiaría mucho. Entre otras cosas, estaba convencida que le permitiría: (1) concentrarse en cosas del trabajo para las cuales, en ese momento, no tenía tiempo; (2) salir antes del trabajo y no tener que trabajar todos los fines de semana resolviendo cosas que ella no sabía hacer; y (3) pasar un poco más de tiempo con su familia. Sin embargo, durante un ejercicio, cuando tuvo la oportunidad de encomendar una tarea a otro, rápidamente olvidó cualquier deseo que tuviera de aprender a delegar más, y continuó su patrón de hacer las cosas por su cuenta. Cuando le preguntaron si había considerado pedir ayuda y transferir responsabilidades –tema de un ejercicio de lectura reciente en clases–, ella reconoció que, aunque el ejercicio le había proporcionado la oportunidad perfecta para hacerlo, no pudo hacerlo. Algo se lo impedía y, por eso, no estuvo predispuesta a realizar la acción que, teóricamente, sabía era posible realizar. Al reflexionar sobre esto, ella pudo ver que había caído en los siguientes estados de ánimo improductivos sobre aprender a delegar:

- Frustración: quiero ser capaz de delegar pero no puedo.
- Resignación: no es posible pedirle a otros que hagan algo que yo podría hacer o que debiera ser capaz de hacer.
- Inseguridad: si pido ayuda, significa que soy incompetente para hacer algo por mí misma y otros empezarán a verme como el "eslabón más débil" del equipo.

Como resultado, aunque sabía que podía transferir obligaciones o tareas, no percibía esa acción como una posibilidad. Pensó que no debía pedir ayuda. Al trabajar con ella, y con muchas otras personas con quienes hemos tenido este placer, presenciamos una y otra vez este fenómeno: la gente quiere aprender una nueva habilidad, pero por alguna razón no pueden tomar las acciones que necesitan para hacerlo. Un par de ejemplos más:

- Un vicepresidente de ventas quería aprender a construir un equipo sólido. Sin embargo, cada vez que el grupo no estaba a la altura de sus expectativas, en lugar de tomar medidas que pudieran aumentar sus competencias y permitirles mejorar, simplemente, optaba por hacer él mismo el trabajo. Así, fácilmente dejaba de lado su meta, y se situaba en estados de ánimo de impaciencia y frustración. Estas emociones dominantes no le permitían ver las acciones que podía tomar, como pensar en nuevas prácticas que pudiera implementar, o en conversaciones que pudiera establecer con miembros del grupo para poder avanzar hacia el logro de su objetivo. Su conclusión podría resumirse de la siguiente manera: *Desearía poder confiar en mi equipo, pero hacerlo es una pérdida de tiempo. Finalmente el trabajo siempre vuelve a mí. Por lo tanto, debería hacer el trabajo solo.*
- Una consultora sénior quería aprender a negociar mejor sus compromisos, y a ser capaz de decir "no" cuando fuera necesario. Se encontraba sobrepasada por sus compromisos, pues consideraba que no debía haber asumido muchos de ellos. Sin embargo, cuando surgía la oportunidad de expresar una negativa, se daba cuenta que no podía pronunciar la palabra "no". Para ella, se trataba de una palabra inapropiada. Pensaba que los demás se sentirían ofen-

didos, y pensarían mal de ella. *No quiero que piensen que no estoy comprometida con el equipo. No debo decir no.* Ella se resignó a la posibilidad de poder negarse, alguna vez, y sentía resentimiento hacia sus compañeros de equipo que le pedían hacer algo para lo cual ella no tenía tiempo.

- Un consultor sénior estaba en transición hacia convertirse en empresario, y quería aprender a hacer ofertas efectivas. Cuando surgió la oportunidad de hacer un ofrecimiento a sus colegas que hubiera sido muy útil para su equipo, no lo hizo. Simplemente, no pudo hacerlo. Por el contrario, se quedó callado. Estaba en un estado de ánimo de frustración porque quería tener la capacidad de ofrecer, pero pensaba que era inapropiado actuar como si supiera algo que otros no sabían. *Todos son personas inteligentes. ¿Quién soy yo para asumir que sé más que ellos? No debería hacer una oferta.*

Todas estas personas querían desarrollar una capacidad para hacer algo: delegar, construir confianza, construir un equipo más fuerte, negociar y decir no cuando fuese necesario, trabajar en equipo, hacer ofertas. Ellos entendían a nivel intelectual qué acciones debían tomar y cómo tenían que llevarlas a cabo, pero cuando se encontraban en situaciones reales donde podían poner en práctica la teoría, no lograban hacerlo. Su disposición emocional obstaculizaba su acción.

Estos *obstáculos emocionales para el aprendizaje* pueden hacernos tropezar en cualquier momento y a cualquier edad, por lo que debemos hacernos conscientes de ellos., Durante el mismo período en que mis colegas y yo hemos ofrecido el curso "Trabajando eficazmente en equipos pequeños" (WEST), he estado ocupada criando a tres niños, lo que me ha permitido aprender sobre sus procesos de aprendizaje. Como madre, me ha fascinado la rapidez con que los niños pequeños pueden pasar de ser confiados, persistentes y motivados hacia la posibilidad de adquirir nuevos conocimientos y habilidades, a sentirse inseguros, confundidos, resignados y poco comprometidos. Recuerdo lo que le pasó a uno de mis hijos con las matemáticas: primero, le gustaban mucho los números y se sentía bueno en esta área; pero después, casi de un día para otro, después de encontrarse con un problema que encontró muy difícil y no pudo entender de inmediato, se le olvidó el gusto y se declaró dispuesto a renunciar a las matemáticas, porque, en sus palabras, era "estúpido". A la madura edad de *10 años*, mi hijo declaró que no estaba interesado en estudiar nada que requiriera de operaciones numéricas, pues él era malo en ese ámbito. Tan fácilmente, por un ejercicio difícil, estuvo dispuesto a cerrar la puerta a innumerables posibilidades.

Esta historia se repitió con cada uno de mis tres hijos. El hijo que ya mencioné también estuvo dispuesto a dejar de dibujar porque no veía cómo podía mejorar cuando empezó a percibir que otros eran mejores que él. *Si no soy el mejor, no debo hacerlo más. No es bueno hacer cosas si otros van a pensar que eres malo para eso.* Otro de mis hijos disfrutaba mucho la escritura, hasta cuarto básico. Un día, le pidieron por primera vez que escribiera un ensayo estructurado de cinco párrafos. Y, de repente, tanto su amor por la escritura como su confianza en sus capacidades disminuyeron considerablemente. Todavía no había aprendido cómo desarrollar un ensayo en el que debía plantear una tesis, proporcionar argumentos de apoyo, y enunciar una conclusión, pero en lugar de recibir instrucciones de su maestro o pedir ayuda para que pudiera aprender a escribir este tipo de ensayo, él cayó en un estado de ánimo negativo por no saber hacerlo, lo que significó que fuese mucho más difícil para él aprenderlo. *Escribir es difícil. Soy malo para esto. Lo odio. No lo entiendo. No quiero hacerlo. Soy estúpido.*

En lugar de disfrutar la posibilidad de aprender algo nuevo, mis hijos, como otras personas que he conocido, a veces caían en estados de ánimo improductivos.

- Caían en la confusión, donde no saber parecía algo malo.
- Caían en la resignación, donde no veían nada que pudieran hacer para aprender el tema en cuestión, ni para mejorar en ello.
- Caían en la inseguridad, y no solo cuestionaban su capacidad de aprender, sino que estaban seguros de que otros pensarían que eran menos inteligentes porque no sabían.
- Caían en la impaciencia, pues esperaban poder entender rápidamente; si no lo hacían, significaba que no eran inteligentes y nunca serían capaces de entender nada de ese asunto.

- Estaban frustrados consigo mismos, con sus profesores, conmigo y, en general, con el proceso de aprendizaje.

En lugar de recibir positivamente lo desconocido como una oportunidad para descubrir y crecer, los niños pequeños muchas veces se sienten mal por no saber hacer algo, y prefieren huir del desafío y renunciar. "Tú no entiendes", me han dicho en algún momento cada uno de mis hijos cuando yo trataba de ayudarles con una tarea, "no hay nada que yo pueda hacer al respecto".

En esos momentos, no había nada que pudiera hacer para ayudarles a entender el tema que fuese. Simplemente, no estaban en disposición a escucharme y no estaban siendo capaces de aprender. Esos momentos fueron verdaderos catalizadores para mi propio aprendizaje, en este caso, sobre cómo aprendemos a aprender. La pregunta sobre cómo aprendemos me dejó perpleja e intrigada, mientras que, al mismo tiempo, me iba convenciendo cada vez más que esta habilidad era esencial para recibir con apertura lo desconocido y para ser capaces de continuar aprendiendo durante el resto de nuestras vidas. Y, por supuesto, quería que mis hijos desarrollaran esta habilidad.

Por fortuna, en ese momento, mi mundo familiar y el laboral estaban interconectados. Así, pude comparar ambas esferas y darme cuenta que lo que le pasaba a mis hijos no era algo que los afectara exclusivamente a ellos; y que lo que estancaba a los participantes de nuestros cursos no era algo que solo les frenara a ellos. No era raro que, al momento de embarcarse en la aventura de aprender algo nuevo, tanto unos como otros cayeran en estados de ánimo no apropiados para el aprendizaje --como confusión, arrogancia, impaciencia, frustración, inseguridad y resignación--. A menos que fuesen capaces de superarlos, no estaban predispuestos a tomar el tipo de acciones necesarias para seguir aprendiendo—como practicar, cometer errores, y pedir ayuda. Si no podían salir de esos estados de ánimo improductivos, su capacidad de aprender se bloqueaba.

En consecuencia, un elemento fundamental para adquirir las habilidades que nos permitan obtener nuevos aprendizajes es abrirnos a disposiciones emocionales que nos lleven a actuar de manera eficaz. En lugar de ceder a nuestros deseos de renuncia, podemos participar en un proceso de reflexión y práctica donde aprendamos a cultivar disposiciones emocionales alternativas que nos llenarán de voluntad para seguir practicando, asumir riesgos, cometer errores, pedir ayuda; en suma, para continuar aprendiendo. Afortunadamente, así como hay estados de ánimo que dificultan este proceso, hay otros que nos predisponen favorablemente a tomar el tipo de acciones que necesitamos para perseverar en el aprender. Por ejemplo, si estamos en un ánimo de asombro, la ignorancia se presenta como una nueva frontera por explorar, no como algo de lo cual avergonzarse. Si estamos en un estado de ambición, un obstáculo se nos presentará como una valla a superar, no como otra razón para renunciar, lo que sucede en la emoción opuesta, la resignación.

El aprendizaje es un proceso que, como todo proceso, requiere tiempo. Como afirman los profesores Stuart y Hubert Dreyfus de la Universidad de California-Berkeley en su *Modelo de Adquisición de Habilidades*, una persona que se embarca en el proceso de adquirir una nueva habilidad pasará por diferentes etapas de competencia, partiendo como principiante y terminando como maestro. Basándome en su trabajo, no solo pude ver que era esperable que las personas tuvieran diferentes habilidades dependiendo de su etapa de aprendizaje, también pude empezar a ver una tendencia en los estados de ánimo en que caían permanentemente los estudiantes durante cada etapa. Por ejemplo, no es raro que un principiante caiga en la confusión (¡*no entiendo lo que está pasando y no me gusta!*) y la inseguridad (*Nunca voy a entender. Tal vez no soy lo suficientemente inteligente para hacer esto*). Si son incapaces de modificar estos estados de ánimo, será menos probable que se permitan a sí mismos seguir aprendiendo. Si un aprendiz ha alcanzado un nivel de competencia más alto, como la etapa que los hermanos Dreyfus llaman "competente" –donde la persona se siente responsable de los resultados, pero todavía no tiene mucha experiencia y, por ende, no es un experto– es muy posible que esa persona caiga en el agobio. A menos, en esta etapa de aprendizaje, una persona sea capaz de cultivar un estado de ánimo de confianza en sí misma y/o sea capaz de conseguir ayuda de los demás, él o ella podrían decidir renunciar, ya que pueden comenzar a sentir que las presiones se hacen insoportables.

No podemos controlar en qué estados de ánimo caemos. Nuestra cultura y las experiencias de vida que hemos tenido las gatillan automáticamente. Es normal que a veces caigamos en estados de ánimo improductivos. Sin embargo, sí podemos aprender a navegar nuestros estados de ánimo y a salirnos de los que obstaculizan nuestro aprendizaje. Si aspiramos a seguir aprendiendo, esta capacidad es fundamental en cualquier etapa del proceso. Cuando hemos desarrollado la capacidad de navegar nuestros estados de ánimo, nuestra disposición para aprender otras habilidades mejora enormemente. Por lo tanto, considero que la navegación de los estados de ánimo es una verdadera *meta-habilidad* para adquirir otras habilidades.

El proceso de reflexión y práctica activa que compartiré en las páginas que siguen ha demostrado ser útil para las personas a las que he tenido el privilegio de acompañar mientras se esforzaban por aprender y cultivar una predisposición emocional que les permitiera superar los obstáculos en sus caminos. Este proceso también ha sido útil para mí. De hecho, la génesis de este libro fue una recopilación de notas que originalmente hice para mí misma, cuando estaba aprendiendo a guiar a otros a través del proceso de aprendizaje. En vez de renunciar cada vez que sentía que chocaba contra un muro y no podía progresar como yo quería, pude dar un paso atrás y asumir las acciones que necesitaba para seguir aprendiendo.

Espero que el lector también lo considere útil.

# Reconocimientos

**M**uchas personas ayudaron en la escritura de este libro, ofreciéndome sus comentarios, editando secciones o frases, discutiendo conmigo sobre el tema, e inspirándome.

En primer lugar, agradezco a todas las personas que han participado en nuestro experimento de "Trabajando Eficazmente en Equipos Pequeños" durante los últimos siete años, quienes al darme el privilegio de presenciar sus procesos de aprendizaje, me permitieron aprender a mí también. Me siento honrada por su apertura, perseverancia y compromiso para seguir aprendiendo, ya sea que tengan 25 o 90 años, edades entre las que oscilan las de nuestros participantes. Ellos me han permitido crecer como persona y como mentor de nuestros clientes, y también como madre y mentora de mis hijos.

Junto a los participantes, quiero agradecer a dos personas que, desde el primer día, han sido cruciales en el desarrollo de este curso: mi hermana, Javiera Flores, y Juan Bulnes. No podría haberlo hecho sin ellos. También agradezco a Dick Babillis, quien primero fue participante del curso y luego se unió a nuestro equipo, convirtiéndose en talento inagotable para nosotros, y para mí en particular. Además, quiero reconocer a Peter Luzmore por ser mi socio en el diseño y la entrega de la primera versión piloto de este curso. Si Peter no hubiera tomado mi mano durante esos primeros días, no habría podido aventurarme en el mundo de los juegos de rol con tanta confianza.

Muchas otras personas ofrecieron su apoyo inquebrantable, manifestado en muchas conversaciones, innumerables revisiones, ediciones, y sugerencias. De estos, destacan mi hermana María Fernanda Flores, B. Rousse y Dick

Babillis, pero también Larry Fisher, Peter Denning, Ron Kaufman, George West, Fred Disque, Pedro Rosas, B. Rousse, Verónica Vergara, Chris Wiesinger, Pablo Flores, Michele Gazzolo, Rodolfo Larrea, Bill Fine y Salim Premji, a quienes doy las gracias por tomarse el tiempo de leer versiones anteriores de este libro, y por ofrecer sus comentarios constructivos.

También expreso mi agradecimiento a Hubert y Stuart Dreyfus por crear el Modelo de Adquisición de Habilidades en 1980. Su trabajo me inspiró para explorar la navegación exitosa del proceso de aprendizaje, desde principiante hasta maestro. Además, valoro la apertura que tuvieron para reunirse y discutir este libro conmigo. En particular, quisiera dar las gracias a Stuart Dreyfus, por seguir dándome recomendaciones de lectura.

Además, agradezco a mi madre, Gloria Letelier, por siempre animarme a escribir y a compartir mis escritos con otros. He redactado muchos documentos a lo largo de los años, y sin su apoyo, muchos estarían guardados en mi disco duro para ser compartidos solo con mis colegas, o en nuestros cursos. Del mismo modo, me gustaría darle las gracias a su "gemelo" cuando se trata de animarme a escribir y a actuar: mi esposo, Bill Fine. Cada vez que me acechan las dudas sobre mí misma (¿Quién soy yo, que no soy académica, para estar hablando del aprendizaje?), mi marido encuentra la manera de alejarme de la inseguridad y orientarme hacia la confianza en mí misma.

También quiero darle las gracias a mis tres hijos, Fernando, Benji y Lucas, por siempre inspirarme, por enseñarme a aprender todos los días, y por brindarme pacientemente su apoyo con el juego innumerables veces.

Y por último, pero definitivamente no menos importante, quiero agradecer a mi padre, Fernando Flores, por ser la persona que es, y por inspirarme a aprender. Casi todo lo que dio origen a este libro no habría sido posible si él no hubiera abierto el espacio para que yo jugara, explorara y aprendiera junto a él. Su trabajo sobre los estados de ánimo y cómo los seres humanos trabajamos juntos fue un trampolín para mi pensamiento y el trabajo que he estado haciendo durante gran parte de mi vida adulta. Un mentor generoso, él ha dominado el arte de aprender a aprender. Espero que cuando tenga su edad, yo aún siga ocupada haciendo lo mismo.

# Introducción – Aprendiendo a Aprender

Muchos estamos de acuerdo en que una de las habilidades más importantes que necesitamos desarrollar en nosotros mismos y, por cierto, en nuestros hijos, es la habilidad de aprender a aprender. Una breve mirada a las publicaciones relacionadas con educación y a la literatura de negocios destacará claramente el "aprender a aprender" como una habilidad crucial.[1]

---

1 Ver el artículo de John Bennett, decano y profesor asociado emérito de la Universidad de Connecticut: "¡La habilidad más importante que todos deben aprender es cómo aprender!" ("Ten Skills Every Student Should Learn," eSchool News, August 11, 2011). También a Thomas Friedman, autor de numerosos libros y columnista de The New York Times, quien hace más de diez años sugirió que necesitamos "aprender a aprender" y advierte que "lo que aprendemos hoy en la escuela estará desactualizado mañana, y por lo tanto, las personas más exitosas en el 'mundo plano' serán las que puedan adaptarse y aprender rápidamente. Cuanto mayor sea nuestra curiosidad y pasión por el aprendizaje, más posibilidades tendremos para el éxito más tarde en la vida" (The World is Flat: A brief history of the 21st Century. New York: FSG Books. Copyright 2005). En 2014, Friedman escribió sobre las prácticas de contratación en Google, donde Laszlo Bock, la persona a cargo de las contrataciones, le dijo que el principal "atributo de contratación" que buscan en un nuevo empleado es la "capacidad cognitiva general, no el coeficiente intelectual. Es la capacidad de aprender". ("How to Get a Job at Google," New York Times. February 22, 2014).

Pero ¿qué es esta "habilidad" para aprender? ¿Cómo lo definimos, ni hablar de adquirirlo? Reconociendo la importancia de esta habilidad, muchos consultores de RR.HH. aconsejan a los que postulan a un cargo que demuestren que están "dispuestos a aprender" en sus currículums. Randall S. Hansen y Katherine Hansen en su artículo "What Do Employers Really Want? Top Skills and Values Employers Seek from Job-Seekers", aconsejan a los que buscan empleo que demuestren que son "entusiastas, [aprendices] hambrientos de conocimiento, deseosos de enfrentar desafíos y [capaces] de asimilar rápidamente nuevos conceptos". Para otro ejemplo, ver el artículo de Boris Groysberg en Harvard Business Review, "Keep Learning Once You Hit the C-Suite", donde escribe sobre qué habilidades atesoran las empresas en los ejecutivos de nivel C, y menciona que los términos "flexible", "adaptable" y "curioso" surgían con frecuencia—todas las características que podemos agrupar junto con la habilidad general de ser buenos para "aprender a aprender". Un consultor describió a un ejecutivo típicamente demandado como "una esponja", preparado para "adquirir nuevas habilidades" y "aprender de la gente a su alrededor". Otro respaldó una "disposición a aprender y adaptarse a entornos cambiantes", y un tercero recomendaba "la adaptabilidad, la capacidad de funcionar en entornos multiculturales, y la disposición a aprender".

Realizar una búsqueda en google con el criterio "aprender a aprender" produce 855.000.000 resultados en menos de medio segundo. La Unión Europea ha identificado esta habilidad como una competencia clave para "seguir obteniendo empleo y estar [incluido] en las actividades de la vida cotidiana, incluidas las de la sociedad civil y la toma de decisiones".[2] El Foro Económico Mundial ha declarado que, dado los desafíos que los profesionales enfrentan en el mundo de hoy, "el aprendizaje a lo largo de la vida es más crítico que nunca".[3] Aprender a aprender ha sido definido de muchas maneras diferentes, incluyendo "la habilidad de perseguir y persistir en el aprendizaje",[4] y como "la capacidad y la voluntad de adaptarse a tareas novedosas, activando nuestro compromiso con el pensamiento y la perspectiva de la esperanza mediante el mantenimiento de la auto-regulación cognitiva y afectiva en y de la acción de aprendizaje".[5] Sin embargo, a pesar del reconocimiento generalizado de que aprender a aprender es una habilidad crucial que debemos dominar, no hay consenso sobre cómo definirlo, ni hay muchas orientaciones sobre cómo desarrollarla. Aprovechando mis años de capacitación, experiencia y observación de las personas que aprenden nuevas habilidades, en este libro intentaré contribuir a la comprensión de cómo uno puede aprender a aprender.

Pero, ¿por qué necesitamos desarrollar esta habilidad? ¿Acaso no hemos nacido con la capacidad de aprender? De hecho, aprendemos a hablar, a caminar, y a usar el baño sin tener que, primero, aprender a aprender. Los niños pequeños tienen una gran capacidad de adquirir nuevos conocimientos y destrezas, pero por alguna razón, parece que se deteriora con el tiempo, a menudo mucho antes de lo que cabría esperar. Como madre de tres hijos, nunca dejo de sorprenderme cuando oigo a los niños pequeños decir que no van a persistir en algún campo de estudio porque son pésimos para las matemáticas, o porque no son "buenos escritores". Apenas han dejado los pañales, y ya están cerrando la puerta a una amplia gama de disciplinas y carreras potenciales. Uno de mis hijos, que casi siempre tenía un bloc de

---

2   Bryony Hoskins and Ulf Fredriksson, Learning to Learn: What Is It and Can It Be Measured? (en JRC Scientific and Technical Reports, 2008), 11.

3   Nikias, C.L. Max, "What will the future of education look like?" (World Economic Forum)

4   Definición de la Unión Europea. (Learning to Learn: What Is It and Can It Be Measured?, 12.)

5   Definición de la Universidad de Helsinski. (Id., 18.)

notas a mano y que solía dibujar todo el tiempo cuando era más pequeño, dejó de hacerlo repentinamente a los 10 años. Esto me sorprendió e, incluso, decepcionó, porque yo pensaba (como su imparcial madre, por supuesto) que él era bastante bueno en el dibujo. Ante esta renuncia, le pregunté directamente por qué ya no estaba dibujando, ya que me gustaban mucho sus trabajos. Él me dio sus razones: "No soy tan bueno. Hay gente que es mejor que yo, así que ya no quiero dibujar". Luego, a pesar de mi apoyo, él siguió negándose de manera rotunda a hacer nuevos trazos, a menos que tuviera que hacerlo como parte de una tarea escolar.

¿Por qué ocurre esto? La respuesta sencilla es: porque la vida ocurre. Desde temprana edad, comenzamos a incorporar patrones de conducta que guían nuestro comportamiento, ayudándonos a juzgar lo que es apropiado o inapropiado. Nuestras familias y amigos, nuestros maestros y campos de estudio, nuestras profesiones y nuestros colegas, todos, de manera intencional o involuntaria, influyen en cómo vemos el mundo y lo que creemos que está bien realizar o no. Desde que empezamos el proceso de socialización en la primera infancia, comenzamos a adquirir un montón de "deberes": lo que debemos hacer o no hacer, lo que debemos ser capaces de realizar o lo que debemos saber, entre otros. Sin embargo, no hay nada malo en esto: es parte de ser una persona que habita con otros en el mundo. De hecho, a lo largo de la historia, este proceso nos ha permitido formar parte de nuestras respectivas comunidades, las cuales están unidas y articuladas por ciertas normas y patrones comunes. Sin embargo, las maneras de conducta que adoptamos pueden tener una consecuencia no deseada: cerrarnos al aprendizaje.

Al prestar servicios en nuestra empresa, mis colegas y yo hemos visto de cerca este efecto secundario negativo de los modelos de comportamiento mal aplicados. Por medio de nuestra experiencia trabajando con adultos durante muchos años[6] – y también con bastantes niños[7]– hemos observado continuamente cómo los estándares con las cuales nos hemos comprometido, y que pueden sernos útiles en algunos contextos, pueden dañarnos cuando se trata de aprender. Volviendo al caso de mi hijo: él estaba comprometido con ser el mejor en dibujo, y lo haría siempre que fuera el "mejor". Cuando se dio cuenta que había otras personas que consideraba más talentosas, y que él no era el "mejor", ya no quería seguir por ese camino. La posibilidad de seguir practicando, aprendiendo nuevas técnicas, tomando cursos con expertos, y así sucesivamente, ni siquiera entró en su cabeza. A pesar de que solo tenía 10 años, si él no era el más destacado, creía que debía abandonar esa actividad, que hasta entonces parecía ser algo que disfrutaba y a lo cual dedicaba bastante tiempo.

Esta tendencia a abandonar una actividad después de aplicar un estándar inapropiado o demasiado severo no se limita a los problemas de crecimiento de la infancia o la adolescencia. Es un fenómeno humano generalizado. En el otro extremo del rango etario, mis colegas y yo hemos trabajado con muchos adultos que son considerados "expertos en sus campos" y que, con el tiempo, han llegado a valorarse a sí mismos con la identidad de ser los que conocen las respuestas y pueden decirle a la gente lo que tiene qué hacer. Sin embargo, cuando se encuentran en situaciones donde son principiantes, no aprovechan la oportunidad de aprender algo nuevo. Están bloqueados

---

6 Durante los últimos siete años, junto a un grupo de colegas hemos trabajado con cientos de personas a través de nuestra empresa, Pluralistic Networks, Inc, lo que me ha permitido tener el honor de observar y participar en el proceso de aprendizaje de muchas personas. Nuestra empresa se enfoca en capacitar a las personas para desarrollar habilidades que les permitan trabajar más eficazmente con otros, tanto en equipos como en lo que llamamos redes pluralistas, agrupaciones de personas de diferentes orígenes, culturas, etc., que colaboran entre sí con respeto. Las habilidades que nos interesa que nuestros clientes adquieran incluyen, entre otras, la capacidad de coordinar compromisos, construir confianza, escuchar y hacer ofertas que agregan valor para los demás, observar y manejar los estados de ánimo, dirigir equipos eficaces con un propósito compartido y, lo más importante, aprender. Antes de Pluralistic Networks, creamos Business Design Associates (BDA), una empresa de consultoría en gestión, donde trabajamos con miles de personas, incluyendo muchos ejecutivos de alto nivel y sus equipos, de grandes corporaciones en toda Europa y las Américas, incluyendo empresas en Nueva York, Boston, Canadá, México, Chile, Italia, Suecia, Francia y Suiza.

7 Hemos trabajado con nuestros propios hijos e hijas, sobrinos y sobrinas, y también, indirectamente, con niños del Colegio Altamira en Santiago de Chile, una escuela de Fernando Flores y su familia.

por su compromiso anterior con el estándar de ser un experto, medida que puede orientarlos adecuadamente en su ámbito de especialización, pero que es inapropiada cuando deben aprender una nueva habilidad, donde están obligados inicialmente a ser solo principiantes, es decir, alguien que no debe esperar saber qué hacer sin la orientación de los demás. En otras palabras, un principiante no puede esperar cumplir con los estándares de un experto. Sin embargo, muchas veces conocemos personas expertas en sus profesiones que, a pesar de comprender intelectualmente que son principiantes en alguna materia, de todas formas se avergüenzan, se quedan callados, y se desmotivan cuando se encuentran en una situación en la que no son expertos. En lugar de pedir orientación y permanecer abiertos al proceso de aprendizaje que todos los principiantes deben vivir, se sienten ansiosos y estresados, y con frecuencia se distancian de la nueva actividad.[8]

Si no se examinan, los estándares que normalmente guían nuestra conducta pueden limitar nuestra capacidad de aprender. Podríamos ser reacios a ponernos en situaciones donde seremos principiantes que no tienen idea de qué hacer, ni dónde debemos pedir ayuda, ni cuándo debemos correr riesgos y cometer errores como parte del proceso de aprendizaje. Aprender a explorar nuestros juicios y sus estándares subyacentes es un aspecto clave de aprender a aprender. Aunque sabemos que es más fácil decirlo que hacerlo, una práctica recurrente nos permitirá aprender a aprender, una verdadera habilidad de orden superior, pues nos faculta a adquirir otras habilidades.

---

8  En "Teaching Smart People How to Learn", Chris Argyris afirma que, muchas veces, las personas inteligentes son los peores aprendices. Especula que esto tal vez se da "... porque muchos profesionales casi siempre tienen éxito en lo que hacen, rara vez experimentan el fracaso. Y como casi nunca han fracasado, nunca han aprendido a aprender del fracaso" (Harvard Business Review, mayo-junio de 1991). En consecuencia, cuando son criticados o no se desempeñan bien en algo, se avergüenzan, se ponen a la defensiva, tienden a culpar a otros y se cierran. Concuerdo  con el fallecido profesor Argyris en que un estado de ánimo defensivo puede impedir el aprendizaje. También cerrará nuestra capacidad de escuchar a las demás personas o de colaborar con ellas. El profesor Argyris argumentó que se puede enseñar a las personas a romper el ciclo del razonamiento defensivo al aprender a "razonar productivamente". Estoy de acuerdo en que se puede enseñar a las personas a romper este ciclo, pero sugiero que lo que se puede enseñar al respecto es mucho más amplio. Aunque ahondaré más adelante en este asunto, comento en esta nota que un estado de ánimo defensivo es uno de los que pueden detener el aprendizaje. Un estado de ánimo defensivo suele aparecer cuando escuchamos como críticas personales lo que se nos dice. Nuestra evaluación automática expresa algo así: "esta persona me está atacando. Tengo que defenderme explicando por qué tengo razón o por qué otros tienen la culpa". Un posible estándar que subyace a esta evaluación es que "uno debe estar en lo cierto en todo momento, porque si no, otros pensarán que no soy inteligente/competente/digno de ser parte del equipo."

[En un mundo en que la incertidumbre y el cambio acelerado son la norma, donde si bien no podemos controlar los cambios tecnológicos, regulatorios o ambientales, necesitamos lidiar y navegar en ellos de manera continua, aprender a aprender aparece con mayor urgencia como una habilidad esencial que debemos cultivar.]

# 2

# Lo que obstaculiza el aprendizaje

Desde nuestra infancia, desarrollamos estándares de conducta que nos ayudan a navegar en las comunidades donde participamos: familia, escuela, profesión, y cultura en su conjunto. Determinamos que ciertas conductas son apropiadas o inapropiadas de acuerdo con estos marcos. Como madre, he tenido la oportunidad de observar repetidamente cómo estas metas conducen a lo que llamo *obstáculos emocionales para el aprendizaje* con los que tropiezan mis hijos. Después de la experiencia con el dibujo, me preocupaba que mi hijo de 10 años se desanimara de proseguir otras actividades que le gustaran en el futuro, si no se evaluaba a sí mismo como "el mejor". Alrededor de un año más tarde, declaró que no iba a hacer nada que incluyera matemáticas porque era "demasiado difícil" y no le gustaba estar confundido y sentirse "estúpido". Me sorprendí y no lo tomé en serio, porque hasta ese momento él había pensado que era "bueno en matemáticas" y realmente lo disfrutaba, pero cuando se enfrentó a algo que no entendía y que seguía "haciendo mal", estuvo a punto de renunciar. Esto era lo mismo que el dibujo, una vez más, pero en lugar de pretender ser el mejor, ahora sentía que necesitaba "entender" las matemáticas de inmediato, y que si no lo hacía así, significaba que no era bueno para eso.

Sin que nadie se lo dijera explícitamente, mi hijo había adoptado inconscientemente dos estándares con respecto al aprendizaje:[el aprendizaje tiene que ocurrir rápido, o de lo contrario no eres inteligente; y si cometes un error, tus maestros y otros pensarán que no eres inteligente] Afortunadamente, con un poco de tiempo y trabajo, se pudo librar de esos esquemas, y hoy disfruta de un área de estudio que requiere bastante de  matemáticas.

Esta última medida es particularmente curiosa: ¿por qué algunas personas piensan que cometer un error hará que otros piensen que no son inteligentes? Todos hemos sido inspirados y admiramos a personas que han fracasado, pero que fueron capaces de tener éxito a pesar de sus errores o caídas, e, incluso, debido a ellos mismos. Entre los numerosos ejemplos que podríamos dar, destaco:

- Autores famosos como J.K. Rowling, cuyo primer libro de *Harry Potter* fue rechazado en las editoriales 16 veces y a quien le aconsejaron "no renunciar a su empleo regular". O Dr. Seuss, amado por niños y adultos (entre los que me incluyo), quien recibió 27 cartas de rechazo cuando intentó publicar su primer libro, "Y pensar que lo vi en calle Porvenir", antes de recibir un sí. O Stephen King, cuyo libro *Carrie* fue rechazado 30 veces antes de ser aceptado por la casa editorial Doubleday.
- Empresarios exitosos que fracasaron con sus primeros productos, como Masaru Ibuka y Akio Morita, quienes desarrollaron una arrocera eléctrica que pretendían convertir en un artículo fundamental presente en cada hogar, pero de la que ni siquiera lograron vender 100 unidades (pues la máquina dejaba el arroz quemado o poco cocido). A pesar de este revés, siguieron intentando, comprometidos con crear una empresa que vendiera electrodomésticos, y después de varias tentativas, eventualmente comenzaron a vender radios portátiles; de esta manera, nació SONY. O Bill Gates y Paul Allen, dos desertores universitarios que fracasaron en una empresa llamada Traf-O-Data, pero en vez de renunciar, eventualmente crearon Micro-Soft, como se conoció originalmente. O Walt Disney, que creó su primera empresa de animación en 1921, pero rápidamente se declaró en quiebra y supuestamente incluso se alimentó de comida de perros para sobrevivir. Muchos de nosotros consideraríamos que comer comida de perros es una señal de que es tiempo de renunciar e intentar algo diferente, pero Disney pensaba de manera muy diferente.

- Atletas exitosos, como Orel Hershiser, quien fue echado de su equipo de béisbol en su primer y segundo año de universidad, pero que después se convirtió en uno de los grandes lanzadores de la década de 1980.

Al leer estos ejemplos, es fácil aceptar la afirmación de que fracasar y cometer errores es parte importante del proceso de aprendizaje, pues pavimentan el camino hacia el éxito final. Pero no solo debemos esperar cometer errores y fracasar mientras nos esforzamos por adquirir nuevas habilidades y lograr nuestras metas, sino que también debemos enfrentarlos como oportunidades de crecimiento sin las cuales probablemente nuestro aprendizaje se estancaría.

Sin embargo, a pesar de que comprendamos esto a nivel intelectual, a la gran mayoría de nosotros no nos gusta cometer errores ni fracasar, pues esto nos hace sentir altamente incómodos. Incluso, ante el mero hecho de pensar en esta posibilidad, nos esforzamos por evitarla a toda costa, aunque signifique no lograr nuestros objetivos. Si, a pesar de todo, cometemos algún error, optamos por ignorarlos, ocultarlos o, peor aún, culpamos a los demás. En su interesante libro *Pensamiento de caja negra: Por qué la mayoría de la gente nunca aprende de sus errores*,[9] Matthew Syed explora este fenómeno en profundidad. Por ejemplo, señala que en el sector salud, uno donde inevitablemente se cometen equivocaciones pero donde no se informan, no se investigan, y no se aprovechan para aprender, los pacientes sufren muertes prematuras por daños que se pudieron haber prevenido, hecho que aumenta de manera alarmante: entre 400.000 y 500.000 personas fallecen al año por causas evitables (un estudio sugiere que 120.000 de estas muertes ocurren solo en los Estados Unidos), si incluimos instituciones como los hogares de ancianos o lugares extra-hospitalarios como las farmacias. Además, citando el testimonio ante el Senado de Joanne Disch, profesora clínica de la Escuela de Enfermería de la Universidad de Minnesota, Syed señala que "se estima que el número de pacientes que sufren complicaciones graves es diez veces mayor que el número de muertes".[10] En contraste, Syed muestra que la industria de la aviación está preparada

---

9   Matthew Syed, "Black box thinking" (New York: Portfolio Penguin, 2016), 10 – 53.
10   Id., 10.

para aprender de los errores. Cada avión está equipado con dos cajas negras, y después de cada accidente, éstas se abren, se analizan los datos, y se busca la razón del siniestro  para que se puedan incorporar cambios a los procedimientos o en los equipos para asegurarse de no cometer las mismas fallas en futuros vuelos. En contraste, mientras casi medio millón de personas muere de manera prematura por año en los sistemas de salud, en el año 2013 solo 210 personas murieron debido a accidentes de avión.

Syed argumenta que tenemos que redefinir nuestra relación con el fracaso y asumir que este "es inevitable en un mundo complejo" y, por ello, "aprender de los errores es tan vital". Estoy absolutamente de acuerdo con esta aseveración, pero ¿cómo podemos desarrollar una actitud diferente hacia los errores y los fracasos? Gracias a los esfuerzos de personas como Carol Dweck,[11] que promueven el cultivo de una "mentalidad de crecimiento" para que las personas puedan sentir menos miedo de cometer errores, entre otras cosas,  las escuelas son mucho más conscientes de la importancia de enseñar a los estudiantes que está bien equivocarse. Sin embargo, hasta hace poco, las escuelas no han sido el lugar donde aprendemos que cometer errores  es una oportunidad para crecer.

En la escuela, adquirimos conocimientos sobre temas variados. Aprendimos contenidos, y memorizamos información y fórmulas para que pudiésemos rendir bien en los exámenes. Fuimos recompensados con buenas calificaciones si obteníamos las respuestas correctas. En cambio, recibíamos malas calificaciones si llegábamos a las respuestas equivocadas. Incluso, en las pruebas estandarizadas nos penalizaban por adivinar, así que aprendimos a dejar las respuestas en blanco, a menos que estuviésemos totalmente seguros de la respuesta. El mensaje era claro: aunque aprender a cometer errores es importante, *¡es mejor que yo no cometa ninguno!*

Por desgracia, aunque valorar el error es esencial para aprender, muchos de nosotros no lo hacemos. Por cada beisbolista como Orel Hershiser, hay un sinnúmero de niños que abandonan un deporte que disfrutaban y en el que tenían potencial, porque en algún momento fueron rechazados en el equipo al que postularon. Por cada autor publicado, hay muchísimos otros que

---

11   Carol S. Dweck, Mindset: The New Psychology of Success (New York: Random House, 2006).

sueñan con convertirse en escritores, pero nunca comparten sus escritos con otras personas. Por cada empresario exitoso, hay individuos sentados en sus cubículos sin estar dispuestos a embarcarse en nuevos emprendimientos. Nos sentimos frustrados, avergonzados, y con el tiempo, muchos de nosotros concluimos que *no vale la pena el esfuerzo*, y renunciamos. O, ni siquiera nos embarcamos en un proceso de aprendizaje porque creemos que podría ser demasiado difícil, no queremos parecer estúpidos o que los demás nos miren como si fuéramos una carga, o como alguien que no contribuye desde el primer momento. ¿Has intentado aprender otro idioma? Las personas que se sienten cómodos al no entender y cometer errores, tienden a aprender más rápido; los que no, suelen renunciar. Como parte de una familia bilingüe que vive en los Estados Unidos, he visto que algunos de nuestros niños más jóvenes tienen dificultades con el español, mientras que otros prosperan, dependiendo de la disposición emocional que manifiesten ante el no entender y ante el hecho de equivocarse.

Posiblemente, todos asentimos con la cabeza mientras leemos sobre la relevancia de elementos como cultivar un "estado mental de principiante" y "fracasar rápido y fracasar a menudo"; sin embargo, en la vida real, es muy común que no nos sintamos cómodos siendo principiantes, ni al reconocer que no sabemos algo. Tampoco es para nada reconfortante cuando fallamos. No estamos equipados con la resiliencia emocional básica para enfrentar las tensiones y las decepciones del fracaso. Entonces, a pesar de que entendemos que el aprendizaje es un proceso que requiere tiempo y perseverancia, elegimos no embarcarnos en ese proceso, o si lo hacemos, lo abandonamos mucho antes de alcanzar nuestros objetivos. Nosotros obstaculizamos nuestro propio aprendizaje. ¿Por qué sucede esto y, más importante todavía, cómo podemos detenerlo?

## JUICIOS QUE BLOQUEAN NUESTRO APRENDIZAJE

¿Por qué somos tan reacios a reconocer que no sabemos algo? ¿Por qué esto nos avergüenza, en lugar de celebrarlo como una oportunidad para aprender cosas nuevas? La respuesta simple es que partimos de la creencia de que debemos siempre, en toda circunstancia, saber. Pensamos que los demás siempre esperarán de nosotros que sepamos hacer, o que nos comportemos de cierta manera. Otra manera de describir esta situación es que la mayoría de nosotros operamos con ciertos juicios automáticos. En nuestro trabajo, entendemos la noción de "juicio" es un término técnico que hace referencia a ciertas predisposiciones evaluativas que determinan nuestro actuar: *Me gusta esto. No me gusta esto. Esto es bueno. Esto es malo. Hacer esto es lo correcto. Hacer esto es incorrecto. Esto es apropiado. Esto es inapropiado.*[12] Muy a menudo, operamos con juicios de los cuales no somos conscientes, y que impiden nuestra capacidad de aprender.

Como seres humanos, constantemente estamos operando en medio de una avalancha de juicios. A menudo, ni siquiera somos conscientes de que estamos haciéndolos, por lo que resulta muy engañoso que los describamos como enunciados que hacemos o realizamos de manera activa y consciente, pues, a menudo, somos nosotros los que estamos bajo su control, actuando, respondiendo o viviendo la realidad a través del prisma de nuestros juicios. Por esta razón, necesitamos desarrollar prácticas que nos permitan desmontar el control que nuestros juicios automáticos pueden tener sobre nosotros, porque, como se verá más adelante, fácilmente pueden impedirnos desarrollar y alcanzar nuevos aprendizajes.

Un primer paso para aflojar el control que nuestros juicios automáticos tienen sobre nosotros, es comenzar a diferenciarlos de otras acciones de lenguaje que llamamos "afirmaciones". Una afirmación es una declaración sobre cómo son las cosas en el mundo. Al enunciar un acto de este tipo, me comprometo a compartir observaciones y evidencias sobre un estado de cosas ya establecido. Por ejemplo, si afirmo: "Está lloviendo", me comprometo a verificar esto, por ejemplo, invitándote a observar la acera húmeda en la calle que se ve desde mi ventana.

En cambio, un juicio no se orienta hacia un estado de cosas ya establecido, sino que se dirige a *producir* (o no hacerlo) un estado de cosas, un cambio en el mundo. Entonces, al hacer un juicio nos estamos comprometiendo a actuar de determinada forma.

---

12   Hacer, recibir y explorar los juicios abiertamente, de manera productiva, y sin estar a la defensiva es fundamental para generar confianza y trabajar eficazmente en equipo. Aunque no todos nos sentimos cómodos con nuestra capacidad de hacer esto, ciertamente es una habilidad que se puede desarrollar. Más adelante veremos ejemplos de personas que trabajan para desarrollar sus habilidades para hacer y recibir juicios. Sobre este tema, consúltese también:  Flores, Fernando. Conversations For Action and Other Essays: Instilling a Culture of Commitment in Working Relationships. Ed. Maria Flores Letelier (CreateSpace Independent Platform, 2012). En particular, el Capítulo 5, "Afirmaciones y Juicios".

De esta manera, los juicios tienen un impacto directo sobre cómo actuamos y qué estamos dispuestos a hacer. Si juzgamos que un vestido no es adecuado para nosotros, no lo usaremos. Si juzgamos que un colega no es digno de nuestra confianza, es improbable que colaboremos con él. Si pensamos que es malo cometer errores, evitaremos cometerlos, o los ignoraremos si incurrimos en ellos. Si creemos que está mal pedir ayuda, no lo haremos. Si pensamos que es malo no saber qué hacer, evitaremos involucrarnos en situaciones donde nos reconozcamos ignorantes.

Todos tenemos el poder de cambiar nuestros juicios y, así, modificar nuestras propias predisposiciones para actuar. Sin embargo, el problema está en que, como ya hemos señalado, a menudo ni siquiera somos conscientes de los juicios que estamos haciendo y cómo éstos afectan nuestras acciones. ¿Qué podemos hacer al respecto?

En el curso "Trabajando eficazmente en equipos pequeños", que inspiró este texto y al que me referiré más adelante en el libro, desarrollamos un ambiente de aprendizaje que enfrenta a los participantes a situaciones en las que no saben qué hacer, por lo que están impelidos a aprender nuevas cosas. Como parte de este ambiente, usamos un juego de rol multijugador en línea, *World of Warcraft*, que la mayoría de los participantes nunca han jugado y, por lo tanto, no saben cómo ejecutar. Sin embargo, durante los ejercicios en grupo, cuando los participantes se encontraban con situaciones desconocidas en las que razonablemente podríamos esperar que digan frases como "No sé cómo hacer esto" o "tú pareces saber cómo hacerlo, ¿podrías encargarte de esta parte?", ese tipo de enunciados son pronunciados. Y esto nos ha aparecido reiteradamente en las distintas versiones del curso: no se pronuncian las frases que podrían haber abierto la posibilidad de aprender. Por el contrario, lo más común es que se queden callados, o intenten resolver las cosas por su cuenta, lo que los lleva a un círculo vicioso en que el mismo error se comete una y otra vez. Dejan de involucrarse con su equipo. En la etapa de reflexión posterior a los ejercicios grupales, es común que muchos expresen sentirse frustrados, ansiosos, confundidos y dispuestos a renunciar.

A medida que comenzamos a explorar juntos qué les impedía declarar su ignorancia en determinado ámbito y solicitar auxilio, ellos fueron descubriendo que estaban actuando determinados por ciertos juicios. Estas evaluaciones les hacían concluir que decir "no sé" y pedir ayuda no eran movimientos apropiados, sino, por el contrario, acciones que "no debían" realizar. Por esto, se quedaban callados; pero, al no levantar la voz para pedir ayuda, se dieron cuenta que frustraban la posibilidad de aprender nuevas habilidades. En nuestro trabajo con cientos de personas de diversos procedencias, he identificado cinco categorías de juicios que obstaculizan el aprendizaje, los que están basados en los estándares que han adquirido a lo largo de sus vidas y que determinan lo que piensan deben hacer o deberían saber.

Aunque la lista a continuación no es exhaustiva, las categorías que propongo son, desde mi experiencia, las que aparecen con mayor frecuencia como obstáculos para el aprendizaje.

## Categorías comunes de juicios que obstaculizan el aprendizaje

*Es importante ser competente.*
- Es importante saber la respuesta correcta.
- Es importante tener el conocimiento experto que tu rol requiere.
- Si no sabes qué hacer o cómo hacerlo, entonces eres incompetente.
- Si tienes dificultades para hacer algo, entonces eres incompetente.
- Ser incompetente es algo malo.
- Cometer errores es algo malo. La gente te juzgará negativamente si cometes errores.
- Si no eres competente, entonces no hables. Si no eres competente, no estorbes. Si no eres competente, retírate.

*Es importante ser eficiente.*
- El aprendizaje tiene que producirse rápidamente.
- Debemos "entender" las cosas de inmediato.
- Los resultados tienen que llegar rápidamente.
- No debemos perder tiempo.
- Si no sabemos algo, debemos ponernos al día rápidamente.

*Es importante ser independiente y autosuficiente.*
- No debemos depender de los demás.
- Si no sabemos algo, necesitamos averiguarlo por nuestra cuenta. Mientras tanto, mantente al margen.
- No seas una carga para otros. No pidas ayuda.

*Es importante ser útil.*
- Debemos contribuir al equipo de inmediato.
- Si no contribuimos, no somos útiles. No seremos aceptados.
- Si no sabemos cómo hacer algo, no podemos contribuir. Si no podemos contribuir, entonces no tenemos ningún valor para nuestro equipo.
- Si no somos útiles, tal vez deberíamos retirarnos.

*Es importante estar preparados en todo momento.*
- Debemos minimizar o eliminar la incertidumbre.
- Debes estar en control de la situación. Cuanto más conocimiento tengas, más estarás en control.
- Antes de intentar hacer algo, asegúrate de saber exactamente qué vas a hacer, paso a paso.
- Si no sabes cómo hacerlo, mejor no hagas nada. Si no estás absolutamente seguro, podrías estar equivocado. Estar equivocado es algo malo. Cometer errores es algo malo.

## ESTÁNDARES DETRÁS DE ESTOS JUICIOS

Los juicios que determinan nuestro actuar son, en sí mismos, expresiones de los estándares que hemos adquirido a lo largo de nuestras vidas. La forma en que llegamos a adoptar y encarnar los estándares que subyacen a nuestros juicios varía según cada persona. Toda nuestra historia y nuestros entornos culturales (familia, escuela, profesión) han dado forma a los estándares por medio de los cuales evaluamos el mundo que nos rodea. Hay un hecho que todos hemos percibido: dos personas que observan la misma situación pueden tener distintos juicios sobre lo que está pasando, y pueden llegar a conclusiones totalmente diferentes sobre el curso de acción que se debe tomar. Leamos el siguiente diálogo hipotético:

Persona 1: "¡Este fue un gran proyecto! ¡Vamos a lanzar otro igual la próxima semana!"

Persona 2: "¿Qué? Este proyecto fue una completa pérdida de tiempo. ¡No volveré a hacerlo de ninguna manera!"

Alguien que fue formado como ingeniero, por ejemplo, podría evaluar negativamente una iniciativa en el trabajo porque no produjo resultados claros y medibles; sin embargo, su colega de recursos humanos podría pensar que la iniciativa fue un gran éxito, porque todo el mundo parecía estar feliz y comprometido con la labor.

En la vida real, ciertos estándares que podrían ser apropiados en algunas situaciones, pueden no serlo en otras. Así, no es que el estándar sea erróneo, sino que no calza en algunas situaciones. Por esto, es importante que estemos dispuestos a declarar nuevos indicadores de desempeño o metas ideales a alcanzar, particularmente cuando estamos intentando aprender algo nuevo.

Por ejemplo, si suscribimos el estándar de que siempre debemos saber las respuestas correctas –uno que nos servía mucho mientras nos preparábamos para rendir bien en nuestros exámenes en la escuela–, este indicador podría sernos inútil o, del todo, perjudicial si pretendemos ingresar a un nuevo campo del saber, asumir una nueva función en nuestro trabajo, o entrar en una nueva industria, ámbitos que ejemplifican situaciones en la que es imposible que sepamos lo que, efectivamente, aúno no sabemos. Si nos esforzamos por prepararnos para tener toda la información, conocer todas las respuestas, y eliminar toda incertidumbre antes de emprender un nuevo curso de acción, corremos el riesgo de nunca embarcarnos o, simplemente, no actuar. En el curso que ya he mencionado, hemos trabajado con muchas personas que estuvieron en los primeros lugares del ranking de estudiantes de las mejores universidades del mundo, pero cuando se encontraron ante situaciones donde no sabían cómo proceder, se quedaban congelados. No pedían ayuda, no delegaban, pero tampoco actuaban. Estaban paralizadas y, además, avergonzadas, pues estaban convencidos que los demás esperarían que ellos supieran qué hacer. Se paralizaban y llenaban de preguntas que los hacían caer en ansiedad: ¿qué pasa si cometían un error? ¿qué pasa si fracasaban? Además, los angustiaba saber que la respuesta estaba en alguna parte allá afuera, pero que ellos no la tenían, y llegaban, a veces, a culpar a otras personas por no brindarles suficiente información.

Otro caso que me interesa comentar tiene que ver con participantes del curso que adquirieron sus estándares trabajando en organizaciones jerárquicas, como las Fuerzas Armadas, donde la gente es muy buena para seguir órdenes, pero menos hábil o dispuestas para hacer preguntas o hacer ofertas cuando nadie les pide. La definición de un buen soldado es aquel que es capaz de ejecutar las órdenes que se le dan. En el ámbito militar, este rasgo puede funcionar bien hasta cierto punto, pero cuando estas mismas personas se enfrentan ante realidades civiles, menos jerarquizadas, lo más probable es que tengan que aprender nuevas formas de trabajar con los demás. Por ejemplo, un ex soldado que tiene el juicio de que   hacer preguntas no es apropiado, pues ser competente es hacer lo que tus superiores te dicen o esperan que hagas, se sentirá frustrado en un entorno civil en situaciones como las siguientes:

- Su desempeño no responde a las expectativas de la persona que le hace una petición.
- Nadie le da una orden o hace un pedido, y descubre que, por el contrario, esperan que él haga ofertas a sus clientes.
- Supone que todos tienen la misma base de comprensión, pero luego se da cuenta que lo que él considera importante es totalmente diferente de lo que sus colegas consideran como tal, o viceversa.

El comportamiento efectivo en la vida cotidiana de los civiles se guía por patrones y expectativas diferentes a los del servicio militar, y por lo tanto, aprender a hacer preguntas, explorar activamente las preocupaciones de sus colegas o clientes, averiguar si le están dando una instrucción o no, son habilidades importantes que un soldado o ex soldado deberá desarrollar para trabajar exitosamente en un contexto no militar. En lugar de tirar la toalla y dejar que la frustración impida que aprenda a trabajar bien con los civiles, esta persona tiene la oportunidad de modificar sus estándares para juzgar la competencia en otro contexto y, de esta manera, aprender acciones que, en el pasado, pueden haberle aconsejado no tomar. Debe pasar de "haz lo que te digan y no hagas preguntas" a "haz más preguntas". En resumen, debe transitar de ejecutar órdenes de otros a hacer sus propias ofertas a los demás.

Además, en nuestro curso nos ha tocado trabajar con mujeres que adquirieron sus estándares mientras trabajaban en empresas dominadas por hombres. Como era frecuente que fueran los únicos sujetos femeninos que cumplían el rol desempeñado, muchas se sentían en la obligación de probar permanentemente que eran merecedoras de sus cargos, por lo que intentaban mostrarse imperturbables y competentes en todo momento. De acuerdo a este estándar que adoptaron –ser competentes en todo momento– pedir ayuda o delegar no eran opción para ellas, incluso en momentos en que, realmente, necesitaban hacer alguna de estas dos acciones.[13] Sus expresiones más comunes pueden ser las siguientes: *No seré el "eslabón más débil". Sólo tengo que trabajar más duro. Quedarme más tarde. Averiguar las cosas por mí misma.*[14] Por esto, no es de extrañar que estas mujeres

---

13   La capacidad de delegar eficazmente es una habilidad que beneficiaría a muchos de nosotros. En una encuesta reciente de Gallup aplicada a 143 presidentes de compañías (CEOs) incluidos en la lista de Inc. 500, se encontró que sólo uno de cada cuatro de ellos tiene "gran talento de delegación", habilidad esencial para el éxito de una empresa, especialmente cuando crece más allá de la fase inicial. En otras palabras, "el 75 por ciento de los empresarios empleadores que Gallup estudió tienen niveles limitados a bajos de talento para delegar, poniendo en peligro su capacidad de crear equipos que puedan influir positivamente en el desempeño de la empresa". Ver Sangeeta Bharadwaj Badal and Bryant Ott, "Delegating: A Huge Management Challenge for Entrepreneurs," (Gallup Business Journal, Abril 14, 2015). La capacidad de delegar es una habilidad que se puede trabajar, y un aspecto clave de hacerlo es aprender a aprender para que podamos estar más abiertos a hacerlo. Si nos vemos indecisos, reacios o incapaces de delegar, entonces podemos proceder a explorar los juicios que nos impiden hacerlo y los estándares a los que nos adherimos que pueden estar impidiendo que tomemos el tipo de acciones que necesitamos aprender a tomar.

14   Para un ejemplo similar, leer los estudios de casos en las secciones 5 y 6 de este libro.

declaren sentirse agotadas la mayor parte del tiempo.

En cualquier escenario laboral, profesional o de desempeño humano, el estándar de ser competentes siempre y en todo momento es imposible de cumplir. Somos seres finitos y no tenemos todo el tiempo del mundo. Más allá de nuestros ámbitos de desempeño público, existen otras personas y dimensiones vitales con las cuales estamos comprometidos, incluyendo a nuestras familias. Es posible que queramos explorar cosas diferentes, pero no alcanzamos a hacerlo porque estamos muy ocupados mostrándole al mundo que podemos cumplir con todo lo que tenemos en nuestra agenda. Es más, no podemos ser expertos siempre y en todo, ponernos rápidamente al día con todo lo que no sabemos, y aun así tener tiempo para comer y dormir. Lo más complicado de este dilema es que, aunque entendamos teóricamente esta imposibilidad, cuando nos encontramos en circunstancias en que no sabemos cómo actuar seguimos optando por el agobio, porque nos resistimos a pedir ayuda. Si queremos asumir más responsabilidades y conseguir un ascenso en el trabajo, por ejemplo, es importante saber solicitar la colaboración de los demás. Pero, para que hagamos esta acción esencial con comodidad, puede que debamos partir por modificar los estándares y juicios que fundamentan y guían nuestras acciones cotidianas. Puede que el trabajo duro y la autonomía para aprender todo por nuestra cuenta nos haya ayudado para ser estudiantes de excelentes calificaciones en la universidad; pero, de seguro, mantenernos en estos mismos criterios de conducta no nos faciliten el camino para convertirnos en ejecutivos capaces de liderar múltiples proyectos y personas al mismo tiempo. A menos que comencemos a adoptar un nuevo patrón de desempeño, tal vez nos sintamos agobiados y agotados al estar en este permanente estrés y, finalmente, decidamos que no vale la pena asumir mayores responsabilidades.

Por supuesto, descubrir qué estándares nos guían y proceder a cambiarlos para estar abiertos a la adquisición de nuevas habilidades es algo que requiere algo más que el simple reconocimiento de la necesidad de que esto ocurra. Todo aprendizaje es un proceso, toma tiempo. Adquirir una nueva habilidad no ocurre de un momento a otro; así, leer sobre esta materia una sola vez no es ni será suficiente. No aprenderemos algo nuevo simplemente porque decimos que queremos hacerlo. Pensemos en los bebés: ellos no piensan "quiero caminar" y, por arte de magia, dan sus primeros pasos. Primero se arrastran, luego aprenden a pararse, apoyados en sillas, mesas o en las manos de sus padres. Finalmente, después de un número no menor de tropiezos, choques contra muebles y caídas, de repente, casi de forma mágica, comienzan a caminar solos. Y, aunque luego se vuelvan a caer, de a poco irán dominando la habilidad de transitar por el espacio de manera erguida, gracias a la coordinación de sus extremidades inferiores. De la misma manera, cuando cualquiera tiene la necesidad de aprender una nueva habilidad, debe estar dispuesto a asumir un compromiso de carácter personal en que esté dispuesto a realizar numerosas repeticiones, a practicar recurrentemente, sin resignarse y claudicar cuando cometa equivocaciones. Imagínense que nuestros bebés se rindieran después de caerse dos o tres veces porque sentían que aprender a caminar era demasiado difícil. Aunque a algunos de ustedes esta imagen les parezca absurda, se trata de una situación que ejemplifica muy certeramente lo que nos pasa a muchos de nosotros, tanto en la infancia como en la adultez. Renunciamos a hacer algo nuevo tan pronto como nos sentimos incómodos; cuando algún obstáculo se interpone en nuestro camino, o, incluso, antes de, siquiera, haberlo intentado. *Quiero aprender a delegar para que tenga tiempo para hacer todo lo que debo hacer, pero no me siento cómodo pidiendo ayuda. Otros me juzgarán negativamente si pido ayuda, así que no tiene sentido que intente delegar.*

Una ayuda crucial para el aprendizaje está en abrir las disposiciones emocionales que nos llevan a tomar acciones eficaces. En lugar de ceder ante nuestro deseo de renunciar, podemos cultivar actitudes que nos llenarán de ganas de seguir aprendiendo. Ahora voy a introducir una nueva dimensión del proceso de aprendizaje que generalmente se pasa por alto: el rol de los estados de ánimo en el aprendizaje. Los juicios que hacemos sobre cualquier situación a menudo determinan lo que hacemos, porque dan forma a nuestros estados de ánimo y, a su vez, estos configuran las tendencias que presentamos al actuar. Si pensamos que no saber algo es inapropiado, es probable que nos sintamos ansiosos al encontrarnos en situaciones donde tengamos que aprender algo nuevo. Si pensamos que pedir ayuda es inapropiado, seremos reacios a pedirla. Sin que seamos conscientes de ello, caemos en estados de ánimo de resignación y confusión, que pueden llevarnos a renunciar. Para aprender exitosamente lo que nos propusimos, debemos habituarnos a ser sensibles a los estados de ánimo en que nos encontramos. Estos estados de ánimo nos dan la primera pista sobre los juicios y estándares que poseemos y que podrían estar impidiendo nuestro aprendizaje, y también nos dan la primera pista sobre qué acciones podemos tomar para asegurarnos de seguir trabajando para lograr nuestros objetivos.

Nuestros estados de ánimo y juicios están íntimamente ligados. En particular, podemos decodificar los primeros, descubriendo que estos incluyen juicios automáticos sobre la totalidad de nuestra situación, incluyendo nuestras posibilidades de intervenir en ella. Este vínculo otorga a los estados de ánimo su poder para afectar cómo estamos predispuestos a actuar y responder ante una situación determinada, pero es también lo que nos permite tener influencia sobre nuestros propios estados de ánimo. Si podemos adquirir una sensibilidad hacia ellos y la habilidad para modificar las evaluaciones que median nuestro actuar, podemos abrir la posibilidad de transformar nuestros estados anímicos. Este cambio nos permitirá superar el impacto negativo de los estados de ánimo que nos impiden aprender o comprometernos con los demás. En la siguiente sección, profundizaré sobre los estados de ánimo y cómo podemos cultivar las habilidades para salir de aquellos que son improductivos.

# 3

# Cultivando una predisposición hacia el aprendizaje: los estados de ánimo

prender a aprender requiere que estemos en un estado de ánimo propicio. Pero, a menudo, no lo estamos. Al trabajar con personas que necesitaban desarrollar nuevas habilidades, hemos apreciado reiteradamente cuántos de nosotros caemos en estados de ánimo negativos que frustran nuestros deseos de aprender, o que incluso nos impiden embarcarnos en nuestra búsqueda de aprendizaje.

¿Qué quiero decir con estados de ánimo?[15] Se trata de "sintonizaciones" con la situación en la que nos encontramos en un momento dado que nos predispone a ciertas acciones. Alguien que tiene un estado de ánimo triste no estará dispuesto a ir a una fiesta, mientras que alguien que tiene uno de

---

15   Los estados de ánimo son un vasto dominio cuya exploración detallada trasciende  este trabajo. Mucho de lo presentado en esta sección se basa en conversaciones y colaboraciones que he tenido con Fernando Flores. En un trabajo que será publicado próximamente él llama "estados de ánimo de compromiso pragmático" a muchos de los estados de ánimo que resalto aquí, junto a aquellos que tienden a aparecer cuando trabajamos con equipos. También identifica una gama más amplia de predisposiciones anímicas,  incluyendo entre otros, el estado de ánimo socio-político compartido de una nación (por ejemplo, el estado de ánimo de desconfianza en la política estadounidense actual), y el estado de ánimo generalizado de toda una época (por ejemplo, la incertidumbre en la era del cambio climático). Para un lector interesado en profundizar en este tema, los escritos del filósofo Martin Heidegger sobre los estados de ánimo y cómo estos constituyen nuestro "ser-en-el-mundo" podrían ser de interés. (Being and Time. New York: Harper and Row, 1962). Para una interesante discusión sobre la diferencia entre los estados de ánimo y las emociones, ver Paul Ekman and Richard J. Davidson, The Nature of Emotion: Fundamental Questions (New York: Oxford UP, 1994). Ver también Paul Ekman, Emotional Awareness: Overcoming the Obstacles to Psychological Balance and Compassion: A Conversation between the Dalai Lama and Paul Ekman, Ph.D. (New York: Holt Paperback, 2008).

aburrimiento no encontrará interesante ninguna posibilidad. Alguien que tenga un ánimo de molestia probablemente se enoje con alguien simplemente porque está silbando una melodía, mientras que alguien que tiene un estado de alegría, comenzará a silbar junto a esa persona. Los estados de ánimo colorean nuestra manera de encontrarnos con el mundo que nos rodea, lo que este nos dice o cómo este nos atrae. Aunque se los relaciona, es importante distinguir entre estados de ánimo y emociones. Estas últimas se dirigen a alguna persona o cosa en particular. Podrías estar enojado con tu jefe, y sentirlo en cómo se calienta tu cara y se aprietan tus músculos, porque tu jefe no te dio el ascenso que te había prometido. Podrías estar triste, sintiendo un vacío que se hunde en tu estómago, porque sufriste la repentina pérdida de un familiar muy querido. Podrías sentirte avergonzado y querer esconderte, porque mentiste y crees que hacerlo está mal. Los estados de ánimo, aunque también se sienten en el cuerpo, permanecen más, por emplear una metáfora, bajo la superficie. La mayoría de las veces, ni siquiera estamos conscientes de nuestros estados de ánimo, y sin embargo aparecen en nuestra conducta, actitudes e ideas.

En el marco de este trabajo, los estados de ánimo involucran juicios que la gente tiene sobre su futuro. A veces nos referimos a ellos como juicios automáticos, porque, como se mencionó anteriormente, normalmente no somos conscientes de ellos y, simplemente, aparecen. Nuestras experiencias pasadas y nuestra cultura tiñen la manera en que vemos el futuro, y nos predisponen a actuar de determinada manera en el presente. Si hemos experimentado en el pasado algo que no funcionó, podríamos caer en un estado de resignación sobre cualquier cambio en el futuro y seremos reacios a intentar actuar en el presente. *He hecho muchas ofertas para ayudar a las personas de mi equipo en el pasado, pero nadie responde a mis correos electrónicos. Supongo que todo el mundo está demasiado ocupado. No voy a seguir intentándolo.* O bien: *aquí vienen otra vez con una nueva iniciativa de cambio. Ellos harán un montón de cosas, pero al final nada cambiará. Siempre es así. No voy a hacer nada para intentar apoyar lo que están haciendo.* Sin embargo, si estamos en un estado de ánimo de ambición y comprometidos con producir un resultado, los obstáculos aparecen como vallas a superar, no como evidencia de que nunca vamos a tener éxito. *Estoy comprometido con el éxito de nuestro equipo, y este miembro de mi equipo no sabe lo que está haciendo. Voy a ofrecerme para entrenarla para que así ella pueda desempeñar su papel.* O bien, *estoy comprometido con desarrollar una relación más fuerte con nuestros clientes y creo que lo que estamos haciendo ayudará a lograr eso. Sé que hemos cometido errores en el pasado, pero hemos aprendido de ellos, y si seguimos por este camino, ¡vamos a lograrlo!*

Debemos aceptar que nuestros estados de ánimo son hechos –como seres humanos siempre estamos en algún estado de ánimo o, incluso a veces en muchos a la vez – pero no debemos ser sus rehenes, sobre todo si reconocemos que hemos caído en algunos de los que nos cierran posibilidades. Al embarcarnos en el proceso de aprender algo nuevo, o incluso solamente al considerarlo, podemos caer en ciertos estados de ánimo negativos e improductivos que hacen que el aprendizaje sea mucho más difícil, si no imposible. Nos sentimos ansiosos, confundidos, resignados o inseguros, lo que nos llena de stress y ganas de huir de la situación. *No tengo idea de qué hacer. Prefiero renunciar que sentirme avergonzado cuando fracaso. Prefiero abandonar esto que sentirme ansioso todo el tiempo. Es demasiado estresante. ¿Quién necesita esto?*

No hay nada malo con caer en estados de ánimo negativos, es algo que a todos nos pasa o ha pasado. A pesar de lo que muchos creen, no podemos *controlar* nuestros estados de ánimo, pero, si estamos comprometidos con nuestro aprendizaje, debemos aprender a no permitir que los estados de ánimo improductivos pongan barreras al cumplimiento de nuestras metas. Sin embargo, es importante destacar que los estados de ánimo no son simplemente cosas que nos suceden. Se trata de predisposiciones automáticas, basadas tanto en nuestras experiencias pasadas como en nuestros estándares de conducta, que atraen ciertas posibilidades, mientras nos alejan de otras. Como mencionamos en las páginas anteriores, los estándares que hemos adquirido a lo largo de nuestras vidas, y que dan lugar a nuestras predisposiciones, normalmente no son explícitos. Estos operan en segundo plano, ocultos, listos para ser descubiertos. Los estados de ánimo, en cambio, sí se perciben.

Puesto que los estados de ánimo son perceptibles y están íntimamente conectados con nuestros estándares de conducta y nuestros juicios automáticos, hemos descubierto que al explorar aquellos en los que hemos caído,
podemos aprender a cambiarlos cada vez que sea necesario, abriendo así
nuevas posibilidades de acción, lo que incluye la posibilidad de declarar
para nosotros nuevos estándares. Esto es relevante a nivel general, pero
es de particular importancia cuando se trata de superar los obstáculos que
puedan surgir en el camino de nuestro aprendizaje continuo. El primer paso
en el desarrollo de la habilidad para cambiar un estado de ánimo negativo
que bloquea nuestro aprendizaje es desarrollar la capacidad de reconocer
los estados de ánimo negativos o improductivos cuando estos nos invaden.

## ESTADOS DE ÁNIMO QUE PUEDEN BLOQUEAR NUESTRO APRENDIZAJE

Los estados de ánimo son ventanas hacia nuestros juicios y los estándares que los respaldan. Si nos volvemos sensibles a ellos, tal vez podamos abrir las cortinas y observar cómo vemos las cosas, y descubrir si nuestras predisposiciones automáticas nos ayudan a alcanzar nuestros objetivos de aprendizaje o nos bloquean. La siguiente tabla presenta ciertos estados de ánimo improductivos[16] que comúnmente pueden obstaculizar el aprendizaje. Aunque esta no es una lista completa de las predisposiciones animicas que pueden no ser propicias para el aprendizaje, destaco aquellas que he observado con mayor frecuencia en nuestro trabajo.

---

16    Para los fines de este escrito, llamo a estas predisposiciones "estados de ánimo improductivos". Esta etiqueta no significa que sean inherentemente malos, incorrectos, o que deban evitarse a toda costa. Pero, al aprender a ser conscientes de ellos, cuando nos demos cuenta que nos están impidiendo tomar las acciones que necesitamos para seguir aprendiendo, podremos aprender a no quedar atrapados en ellos. Sin embargo, en algunas situaciones, algunos de estos estados de ánimo pueden no ser necesariamente perjudiciales para nuestro aprendizaje.

Por ejemplo, un estado de impaciencia puede o no obstaculizar el aprendizaje. En algunas situaciones, puede motivarnos a actuar, a practicar, a correr riesgos y a no analizar excesivamente las situaciones, que podría ser exactamente lo que necesitamos seguir aprendiendo, especialmente a medida que nos volvemos más competentes. En otras situaciones, no obstante, podría llevarnos a desconectarnos demasiado rápido y no tomar las acciones necesarias para continuar adquiriendo saberes y habilidades. Podríamos concluir prematuramente que "no estamos hechos" para hacer algo, simplemente porque no nos dimos el tiempo para aprender. Del mismo modo, el estado de escepticismo podría ayudarnos a tomar acciones para seguir aprendiendo, pero también podría bloquear nuestras acciones. Hay una diferencia entre lo que considero un estado de ánimo escéptico saludable, donde las personas no confían ciegamente en lo que los demás les prometen y deciden actuar prudentemente para asegurarse de que están embarcándose en un proceso de aprendizaje con personas capacitadas (por ejemplo, referencias, entrevistas a estudiantes anteriores, etc.), y un estado de ánimo escéptico que cierra toda posibilidad, donde simplemente se niegan a creer que otra persona o grupo tiene algo que enseñarle,  a pesar de la evidencia (por ejemplo, resultados, estudios de casos, referencias, títulos, etc. ). Si nos encontramos en un estado de ánimo de escepticismo, es importante reconocerlo, y hacer una pausa para explorar cómo está influyendo en nuestro comportamiento. Si encontramos, por ejemplo, que nuestro estándar es que debemos movernos con prudencia y hacer nuestra tarea para asegurarnos de que el maestro que estamos contratando es competente, entonces el aprendizaje continuo es posible. Si encontramos que nuestro estándar es que nadie puede enseñarnos nada porque todo el mundo es incompetente e indigno de confianza, a pesar de la evidencia, tal vez queramos ver qué podemos hacer para comenzar a construir confianza con personas que puedan ser capaces de actuar como nuestros mentores; de lo contrario, el aprendizaje podría ser mucho más difícil, si no imposible, para nosotros.

A pesar de la utilidad de esta lista para identificar los estados de ánimo en que podemos estar, es importante recordar que un estado de ánimo es la ventana que nos permite mirar hacia nuestro interior; depende de nosotros hacer el trabajo para descubrir lo que está adentro –nuestras evaluaciones automáticas y los estándares en los cuales se basan– y determinar si debemos reorganizarlo para que no nos impidan alcanzar nuestros objetivos de aprendizaje.

## Tabla 1: Estados de ánimo que obstaculizan el aprendizaje

| ESTADO DE ÁNIMO IMPRODUCTIVO | EJEMPLOS DE JUICIOS QUE PODRÍAN GATILLAR ESTE ESTADO DE ÁNIMO |
|---|---|
| CONFUSIÓN | No entiendo lo que está pasando aquí, y no me gusta. <br> Estar confundido es algo malo. <br> Aquí no hay nada de valor para mí. <br> ¡Necesito escapar rápidamente de esta situación! |
| RESIGNACIÓN | Estoy demasiado viejo para aprender esto. <br> Nunca voy a ser capaz de hacer esto, no importa cuánto lo intente; entonces ¿qué sentido tiene? <br> Esto involucra números; nunca fui bueno para las matemáticas, así que no voy a poder hacer esto. <br> Este juego requiere leer un mapa; soy malo con los mapas. <br> No tiene sentido siquiera intentar este juego. <br> Esto no es posible. |
| FRUSTRACIÓN | Intenté hacer esto, pero fracasé. <br> Yo esperaba poder hacer esto de inmediato. <br> No estoy entendiendo esto tan rápido como creo que debería. <br> Esto no está funcionando como debería. |
| ARROGANCIA | No hay nada nuevo que yo pueda aprender aquí. <br> Ya sé todo lo que hay que saber sobre esto. <br> Ya sé todo lo que quiero saber. <br> Esto es una pérdida de tiempo para mí. |
| IMPACIENCIA | (A menudo está presente junto con la arrogancia.) <br> Lo que estamos haciendo aquí no tiene ningún valor. <br> Tenemos que seguir adelante. <br> Esto tiene que ir más rápido. <br> Estamos perdiendo el tiempo. |
| ABURRIMIENTO | No hay nada de valor para mí aquí. <br> No hay nada que yo pueda hacer para que esto sea menos aburrido para mí. |
| MIEDO / ANSIEDAD | No sé cómo hacer esto. <br> Tal vez podría cometer errores. Los errores son malos y podría no recuperarme de ellos. <br> No sé cuál es el curso de acción apropiado. <br> Voy a renunciar, porque cometer un error es peor que simplemente no intentarlo. |
| AGOBIO | Hay tanto que no sé, o que no puedo hacer. <br> No hay nadie a quien pueda pedir ayuda. <br> Sólo tengo que trabajar más y más, pero probablemente aun así fracasaré, porque no hay suficiente tiempo. |
| FALTA DE CONFIANZA (INSEGURIDAD) | No soy competente para aprender esto. <br> Siempre he sido malo para las matemáticas, así que no voy a ser capaz de aprender a hacer esto, porque requiere matemáticas. <br> Nunca he hecho esto. No puedo hacer esto. No soy lo suficientemente bueno para estar aquí. <br> Otros son mucho más inteligentes que yo. <br> ¡Nunca voy a comprender esto! |
| DESCONFIANZA O ESCEPTICISMO | No confío en que mi colega me ayudará si le digo que no sé qué hacer. <br> Creo que mi colega habla bastante, pero no creo que sepa cómo enseñarme lo que necesito saber. <br> No voy a pedirle ayuda, ya que no creo que sea tan competente como para ofrecérmela. <br> Puede que este proceso esté funcionando para algunas personas, pero soy escéptico de que realmente funcione para mí. |

Si aprendemos a tomar conciencia de nuestro estado de ánimo y a ser capaces de identificar uno o más de estos estados de ánimo inconducentes, podremos explorar los juicios que tenemos sobre la situación y descubrir los estándares a los que adherimos para apoyar esos juicios. Se trata de un paso crucial para tener éxito en el proceso de aprendizaje. En nuestros cursos, los participantes descubren regularmente que han caído en estados de ánimo que obstaculizan el logro de sus objetivos de aprendizaje. Sin embargo, cuando exploran estos estados de ánimo, a menudo descubren que sus juicios se basan en estándares que, o no son relevantes para la situación actual (como el militar que ahora no forma parte de una cadena de mando y debe negociar con otros para determinar qué acciones tomar); o no son útiles para lograr su objetivo (como la estudiante universitaria que sobresalía en cada asignatura, asegurándose de saber todo lo que se preguntaría en los exámenes, pero que ahora debe aprender a tomar decisiones enfrentándose a escenarios inciertos). Después de descubrir los estándares que suscribían y lo inadecuados que eran para la situación actual, los participantes comenzaron a considerar las acciones que podían tomar para salir de sus predisposiciones anímicas improductivas, y continuar su búsqueda hasta alcanzar sus metas.

Como ya se mencionó, en nuestros cursos usamos un juego multi-jugador en línea (World of Warcraft) como parte de nuestro ambiente de aprendizaje. Muchos participantes nunca antes habían jugado este juego, o ninguno que se le pareciera. Casi todos eran principiantes absolutos. Pero, en lugar de alegrarse ante la perspectiva de lo nuevo, algunos de ellos caían rápidamente en los siguientes estados de ánimo:

- Confusión: "¡No tengo idea de qué hacer y no me gusta!"
- Impaciencia: "¡Debería estar entendiendo esto más rápido!"
- Ansiedad: "No sé qué hacer y si me equivoco, mi equipo pensará mal de mí".
- Frustración: "Ya debería saber cómo manejar mi avatar".
- Inseguridad/falta de confianza: "No tengo idea de lo que está pasando aquí y nunca lo voy a conseguir. Soy malo para los juegos. Soy malo con la tecnología. No voy a poder contribuir a mi equipo".

Aunque, en un nivel intelectual, puedan comprender que son principiantes, no se sienten cómodos en esta posición de aprendizaje. Al explorar sus juicios, comienzan a descubrir que tienen expectativas poco razonables para alguien que se está iniciando: *Yo debería ser competente de inmediato. Debería contribuir de inmediato. Como no sé qué hacer, estoy retrasando al equipo.* Cuando descubren los estándares que han asumido, se dan cuenta que se trata de expectativas poco útiles para aprender a participar en el juego con los demás. Así, comienzan a ver que nadie espera que un principiante contribuya de inmediato como un experto, sino que el rol de un principiante es, precisamente, serlo: alguien que sigue instrucciones, hace preguntas y practica. Si no realizan estas tres acciones, no están contribuyendo al trabajo del equipo; en suma, no están tomando en serio su rol de principiantes. Cuando los participantes asumen esta comprensión, su estrés comienza a disminuir e, incluso, comienzan a experimentar el aprendizaje del juego como un proceso agradable, en lugar de un esfuerzo tortuoso donde tienen que esconder su falta de habilidades para que otros no los juzguen como incompetentes e indeseables.

En el ejemplo que ya di sobre mi hijo y las matemáticas, podemos caracterizar los estados de ánimo que lo embargaron de la siguiente manera:

- Confusión: "No entiendo estos problemas de matemáticas. Estoy totalmente confundido, y no entender algo no es bueno".
- Frustración: "Debería entender esto rápidamente. No lo estoy logrando".
- Impaciencia: "Debería entender estos problemas más rápidamente".
- Falta de confianza: "La gente inteligente entiende las cosas rápidamente y no estoy captando esto de esa manera".
- Renuncia: "Como no estoy entendiendo estos problemas rápidamente, no soy bueno para las matemáticas. No voy a estudiar nada que tenga que ver con ellas cuando sea mayor".

Al explorar con él estas predisposiciones, descubrimos que había hecho el juicio de que él no era inteligente en matemáticas y que basó esa evaluación en un estándar que ya había adoptado para evaluar si alguien era inteligente o no: las personas inteligentes comprenden las cosas rápidamente; si no entiendes algo así, entonces no eres inteligente en ese campo. En consecuencia, él concluyó que, cuando creciera, no debía aspirar a estudiar ninguna cosa que requiriera procedimientos matemáticos, pues él ya no era bueno en ese ámbito. Por suerte, después de varias conversaciones, se dio cuenta de que esta forma de evaluar su inteligencia no le serviría en su carrera académica y profesional, donde encontrará, si lo desea, desafíos más grandes y más difíciles que no tienen respuestas obvias que la gente puede captar de inmediato. En esa ocasión, hablamos sobre el cáncer, y cuántas personas han estado tratando de encontrar una cura que no es obvia, y sin embargo, lo importante que era que las personas que trabajan buscando una cura pudiesen perseverar y no abandonar sus esfuerzos. También comentamos sobre científicos y astrofísicos que quisieran abandonar su campo en cualquier momento en que no obtuviesen respuestas inmediatas, y sobre el gran desperdicio que sería eso. Mi hijo comenzó a ver que, para estas personas, la falta de conocimiento significa una nueva frontera para explorar, no algo para evitar o de lo cual avergonzarse. En lugar de resignación, ellos se encuentran en estados de ánimo mucho más propicios para la exploración y el aprendizaje continuo, como el *asombro* o la *ambición*. En la próxima sección destacaremos estos y otros estados de ánimo de este tipo.

## ESTADOS DE ÁNIMO QUE NOS PREDISPONEN A SEGUIR APRENDIENDO

Afortunadamente, así como existen estados de ánimo que pueden limitar o bloquear nuestro aprendizaje, hay otros opuestos que pueden predisponernos a embarcarnos y perseverar en nuestro camino en pos del aprender. Precisamos, nuevamente, que la siguiente no pretende ser una lista exhaustiva. Se trata de estados de ánimo que hemos observado repetidamente en nuestro trabajo, y que nuestros estudiantes se esfuerzan por cultivar mientras persisten en la transformación de las predisposiciones anímicas negativas que obstaculizan sus objetivos de aprendizaje.

## Tabla 2: Estados de ánimo que son conducentes al aprendizaje

| ESTADO DE ÁNIMO | EJEMPLOS DE JUICIOS QUE PODRÍAN GATILLAR ESTE ESTADO DE ÁNIMO |
|---|---|
| ASOMBRO | No sé lo que está pasando aquí, pero el mundo está lleno de oportunidades, ¡y me gusta!<br>A pesar de que no tengo idea de lo que está pasando aquí, confío en que hay algo que puedo aprender, y estoy entusiasmado por eso.<br>(A diferencia del ánimo de confusión, al estar en uno de asombro, la ignorancia se aprecia como algo positivo, una nueva frontera por explorar, una inspiración para nuestro aprendizaje, y no algo que haya que evitar o de lo que haya que avergonzarse). |
| PERPLEJIDAD | Estoy totalmente confundido, pero siento que es importante explorar más y posiblemente obtener respuestas que podrían ser importantes para mí.<br>Voy a perseverar en esto hasta lograrlo. |
| SERENIDAD/ ACEPTACIÓN | Acepto que el pasado es el pasado y que no lo puedo controlar.<br>Acepto que el futuro es incierto, estará lleno de sorpresas y no puedo predecirlo. Tanto lo bueno como lo malo vendrán inesperadamente, y estoy agradecido de la vida.<br>(A diferencia de la resignación, cuando estamos en un estado de ánimo de serenidad aceptamos el pasado como ya pasado, pero sin resignarnos en posibilidades futuras, por lo que somos libres de tomar acciones para acercarnos o alejarnos de ellas). |
| PACIENCIA | Acepto que el aprendizaje requiere que practique reiteradamente durante un período de tiempo. Así es como funciona el proceso de aprendizaje. |
| AMBICIÓN | Veo oportunidades aquí. Puede que no esté completamente preparado y no estoy seguro de todo lo que pueda aparecer en mi camino, pero estoy convencido que mi compromiso total con esto es valioso. Estoy comprometido con entrar en acción.<br>(Cuando estamos en un estado de ánimo de ambición, los reveses se presentan como desafíos para navegar y dominar, no como evidencia de que lo que nos propusimos lograr es imposible, como podrían interpretarlos las personas que están en estados de ánimo de resignación, inseguridad o ansiedad, por ejemplo). |
| DETERMINACIÓN | Veo oportunidades aquí y voy a actuar ahora mismo. |
| AUTOCONFIANZA | Tengo experiencia exitosa en esta área, y soy competente para actuar en esta situación. He podido aprender cosas nuevas antes, y seré capaz de hacerlo nuevamente. Tengo personas a quienes puedo pedir ayuda, que me apoyarán.<br>(Cuando estamos en un estado de ánimo de confianza, la falta de competencias se presenta como algo para dominar, no como una razón para renunciar). |
| CONFIANZA | Estoy aprendiendo de personas que tienen experiencia en el área que quiero aprender. Ellos han logrado resultados. Tienen una buena reputación. Puedo aprender de ellos. Ellos se preocupan por apoyar mi aprendizaje. No van a juzgarme negativamente si no sé algo. |

Aprender a transformar estados de ánimo improductivos en productivos es un aspecto crucial del aprender a aprender. A medida que adquirimos conciencia de nuestros estados de ánimo, y somos capaces de mirarnos a nosotros mismos y ver que estamos en un estado de ánimo negativo que nos obstaculiza, como la resignación, podemos elegir no continuar siendo rehenes de ese ánimo y tomar acciones para cultivar una predisposición alternativa que sea más propicia para lograr nuestras metas.

## TRANSFORMANDO ESTADOS DE ÁNIMO IMPRODUCTIVOS EN ESTADOS DE ÁNIMO CONDUCENTES AL APRENDIZAJE

Como se podría esperar, el primer paso para desarrollar la capacidad de cambiar tu estado de ánimo es, precisamente, tomar conciencia de este o de estos. Esta habilidad requiere práctica, pero esta facilita el aprendizaje, por lo que, cuanto más lo hagas, el proceso se volverá más fácil. Cuando introducimos por primera vez las distinciones entre estados de ánimo a los participantes en nuestros cursos, algunos se sienten un poco perplejos y experimentan un tanto de incomodidad ante la conversación; pero, a medida que pasan las semanas, se van haciendo cada vez más conscientes de sus propios estados de ánimo y los de sus colegas.

Las prácticas de meditación y la conciencia focalizada pueden ser muy útiles para ayudarnos a desarrollar la capacidad de estar atentos a los estados de ánimo que nos embargan en determinado momento. Sin embargo, cuando estamos comprometidos con el proceso de aprender, es esencial que no nos contentemos simplemente con observar los estados de ánimo y emociones en que nos encontramos. Antes bien, es fundamental que lo hagamos para determinar qué acción podemos tomar para seguir aprendiendo y, finalmente, alcanzar nuestros propósitos. Esto no necesariamente es inconsistente con una práctica de conciencia focalizada. Como sostiene B. Allan Wallace, la conciencia focalizada también incluye "la memoria *retrospectiva* de los hechos del pasado, recordar *prospectivamente* hacer algo en el futuro, y el recuerdo centrado en el presente, en el sentido de mantener una inquebrantable atención a una realidad presente".[17] Sin embargo, es importante destacar la importancia de combinar el aprendizaje para ser

---

17   Ekman, Emotional Awareness: Overcoming the Obstacles to Psychological Balance and Compassion, 56 – 57.

conscientes de nuestros estados de ánimo con una práctica más amplia de reflexión dirigida a ayudarnos a navegar con éxito el proceso de adquisición de nuevas competencias.

Aunque no incluimos prácticas de meditación en nuestros cursos, sí nos centramos en cultivar la conciencia de nuestros estados de ánimo en una situación dada para descubrir qué hábitos mentales debemos abandonar, modificar o cultivar, y para llegar a una resolución sobre las acciones que queremos tomar para lograr lo que queremos a futuro, incluyendo el aprendizaje de una nueva habilidad. Hemos descubierto que pedirle a las personas que reflexionen sobre sus estados de ánimo, ya sea cuando están inmersos en una actividad o inmediatamente después de esta, es un buen comienzo para ayudarles a observar lo que está sucediendo a su alrededor. Entre otras cosas, se vuelven conscientes de lo siguiente: ciertas sensaciones corporales, como una mayor frecuencia cardíaca, malestar estomacal, o aumento del flujo sanguíneo hacia sus manos; sus juicios ante la situación y los estándares subyacentes en que éstos se basan; lo que piensan que debe o no debe suceder; y lo que ven como posible o imposible. Al principio, con nuestra orientación, ellos se hacen preguntas que les ayudan a identificar y explorar su estados de ánimo y las experiencias pasadas que pueden haberlos moldeado; luego, se los anima a evaluar si sus interpretaciones automáticas son apropiadas para la situación actual, o si, en cambio, bloquean su aprendizaje y lo que les gustaría lograr. Si es lo segundo, entonces los participantes pueden explorar qué acción pueden comenzar a tomar para modificarlos y para cultivar estados de ánimo alternativos, más conducentes hacia un aprendizaje continuo.

Si nos damos cuenta que hemos caído en un estado de ánimo improductivo, a veces, simplemente podemos cultivar estados de ánimo más idóneos haciendo ejercicio corporal o escuchando música. Por ejemplo, podemos ir a correr para despejar nuestra cabeza; o bien, ver una hermosa película e inspirarnos con nuevas posibilidades. Una vez una profesora, cuando estaba en la universidad, me dijo que había adoptado la práctica de asistir como oyente a seminarios de posgrado cada vez que comenzaba a sentir que era imposible hacer nada nuevo, dadas las demandas burocráticas de su institución. Ella me comentó: "¡Es contagioso estar rodeada de personas que tienen entusiasmo y ambición respecto a lo que están haciendo. Pero si estas acciones no son suficientes, y por lo general no lo son si existe una predisposición profundamente arraigada sobre nuestras capacidades e incapacidades, podemos aprender a cambiar nuestro(s) estado(s) de ánimo.

Si te das cuenta que has caído en un estado de ánimo improductivo, el siguiente proceso de reflexión y acción puede permitirte tomar medidas para cambiar este ánimo y no permitir que bloquee tu aprendizaje:

1. *Reflexiona sobre tu objetivo de aprendizaje.* Piensa en el futuro que estás determinado a producir: ¿por qué te importa desarrollar esta habilidad? ¿por qué esta habilidad es importante para ti? Si no abandonas tu proceso de aprendizaje, ¿qué podrías hacer que no puedas hacer ahora?

Por ejemplo, si yo quiero desarrollar mis habilidades para delegar, ¿por qué esto sería beneficioso para mí? Tal vez quiero ser capaz de asumir más responsabilidades en el trabajo, para lograr un ascenso. O tal vez estoy trabajando en exceso y me gustaría poder hacer otras cosas. Si esto es importante para mí, entonces ¿tiene sentido mantener el *statu quo* y renunciar a adquirir la capacidad de delegar de manera efectiva? O, si tengo un estilo de liderazgo vertical (de-arriba-hacia-abajo), ¿por qué es importante para mí aprender a trabajar con un estilo de liderazgo más inclusivo? ¿Necesito que mi equipo sea más fuerte y más independiente para que yo no tenga que estar involucrado en cada detalle y, así, pueda comenzar a enfocarme en otras cosas que me importan? ¿O necesitamos producir resultados mejores que los que estamos produciendo, o los que puedo producir por mí mismo, incluso si trabajo sin parar?

Articular por qué el desarrollo de esta habilidad es importante y beneficioso para ti y/o para otros puede permitir que emerja un estado de ánimo de ambición que te motivará a seguir aprendiendo, a pesar de los desafíos que puedas enfrentar. Los estados de ánimo improductivos son parte del proceso, obstáculos que probablemente encontrarás en el camino, pero es crucial no dejarse atrapar por ellos para alcanzar los objetivos que son importantes para ti.

2. *Identifica y explora el estado de ánimo improductivo.* ¿Este estado de ánimo es similar a alguno de los que identificamos anteriormente en este libro? Reflexiona sobre las experiencias pasadas que pueden gatillar el estado de ánimo que no es conducente al logro de tus metas. ¿Cuáles son los juicios que tienes sobre ti mismo en esta situación de aprendizaje? ¿Cuáles son los estándares que generan esos juicios? ¿Son relevantes para la situación en la que te encuentras? ¿Te ayudan a alcanzar tus objetivos o te estorban?

Por ejemplo, si descubres que estás en un estado de ánimo de resignación e impaciencia sobre aprender a construir un equipo fuerte que te permita abordar tareas que hoy no son posibles de asumir, podrías descubrir que tienes los siguientes tipos de juicios:

- Mi equipo es incompetente.
- Mi equipo nunca podrá aprender a ser competente.
- No importa lo que les pida, mi equipo siempre va a hacer un trabajo deficiente y voy a tener que yo mismo la labor.
- No tiene sentido delegar nada a los miembros de mi equipo, porque cualquier cosa que yo delegue simplemente volverá a mí, y finalmente yo tendré que hacerla.
- Es mejor si hago las cosas por mí mismo en lugar de perder el tiempo haciéndole peticiones a mi equipo.

Podrías formularte las siguientes preguntas: ¿están bien fundamentados estos juicios?[18] ¿Cuáles son los estándares que estás utilizando para evaluar la competencia del equipo? ¿Esperas que todos estén dispuestos a contribuir plenamente desde el primer día? ¿Hay una curva de aprendizaje, o deberías poder esperar que las personas que supervisas sean tan competentes como tú? ¿Deberían conocer sus roles y sus expectativas sin que hables con ellos sobre esto? ¿Son nuevos en la empresa? ¿En la industria? ¿En tu equipo? ¿Hay cosas en las que sí puedes confiar en ellos? ¿Y hay cosas que son importantes y que ellos deberían aprender para que puedan desempeñarse más eficazmente en el futuro? ¿En realidad no hay nada que se pueda hacer

---

18    Para más información sobre los juicios, incluyendo lo que se necesita para fundamentarlos de manera efectiva, ver la sección 5 de este libro.

para mejorar las competencias de tu equipo? Al explorar estas preguntas, es posible que descubras que tus juicios no son útiles para alcanzar tu objetivo y que, de hecho, hay acciones que puedes tomar ahora mismo para comenzar a construir un equipo fuerte.

3. *Identifica los estados de ánimo que serían más propicios para alcanzar tus objetivos de aprendizaje.* ¿Cuáles son los juicios que están conectados con estos estados de ánimo?

Por ejemplo, si estás en un estado de ánimo de resignación, un estado de ánimo de ambición y de determinación podrían serte de ayuda para seguir trabajando por alcanzar tus objetivos. Si estás en un estado de ánimo de inseguridad, el desarrollo de la confianza podría ser importante. Si estás en un estado de ánimo de desconfianza, piensa qué podrías hacer para cultivar la confianza.

4. *Especula sobre qué acción podrías tomar para transformar los estados de ánimo improductivos en estados de ánimo más conducentes a tus objetivos de aprendizaje.*

En el ejemplo del punto 2, si identificaste que has caído en estados de ánimo de resignación e impaciencia, ¿qué puedes hacer para comenzar a cultivar un estado de ánimo de ambición y determinación en su lugar? *Veo oportunidades aquí. Mi compromiso total con esto es valioso. Estoy comprometido con tomar acciones.* Estos son los tipos de juicios detrás de los ambientes de ambición y determinación. ¿Cuáles son las oportunidades aquí para ti? Si tu equipo se vuelve más competente, ¿qué van a ser capaces de hacer que no puedan hacer ahora? ¿Qué podrías hacer si pudieras delegar más responsabilidad en ellos? ¿Qué puedes hacer para empezar a salir del estado de ánimo de impaciencia? *Acepto que el aprendizaje es un proceso y requiere tiempo y perseverancia. Puedo tomar acciones para crear el futuro que quiero crear.* Estos son juicios que podrían ayudarte a cultivar un estado de ánimo de serenidad y paciencia ante el proceso, estados de ánimo que te ayudarán a perseverar en el aprendizaje en lugar de abandonarlo ante la primera dificultad. ¿En qué cosas puedes confiar en tu equipo? ¿Qué falta? ¿Qué puedes hacer para ayudarlos a desarrollarse aún más para que puedan asumir cada vez más responsabilidades?

Al reflexionar sobre estos estados de ánimo y explorar posibles acciones que te permitirán ayudar a tu equipo a crecer con éxito, es probable que te encuentres más decidido a no renunciar a tu objetivo de aprendizaje y que comiences a actuar para ayudarte a lograrlo. En consecuencia, podrías decidir tomar diferentes tipos de acciones, por ejemplo: solicitar a alguien que te ayude a entrenar a tu equipo; declarar la práctica de reunirte con los miembros de tu equipo regularmente para que puedas orientarlos mejor respecto al negocio y los desafíos que la empresa o el equipo deben cumplir; y/o continuar practicando la delegación, pero comprometerse a ofrecer retroalimentación inmediata a las personas para que puedan tomar medidas correctivas y/o aprender a hacerlo mejor la próxima vez.

5. *Toma acción.* Aprender una nueva habilidad requiere que actúes. Es muy poco probable que aprendas a hacer algo nuevo sin realmente intentar hacerlo, ni practicar continuamente durante un período prolongado de tiempo. Desde principios de los noventa, los avances en neurociencia han demostrado la plasticidad del cerebro, es decir, que "no es inmutable ni estático, sino que continuamente es remodelado por las vidas que vivimos".[19] En otras palabras, el cerebro humano no se rigidiza después de la infancia; es maleable, flexible y puede aprender continuamente a adaptarse a nuevas situaciones a lo largo de todas nuestras vidas. Al involucrarte en una práctica de reflexión y acción, no solo estás evaluando cómo estás desempeñándote y haciendo los ajustes correspondientes a tu conducta, también estás creando nuevas conexiones cerebrales y, tomando en préstamo la palabra del Dr. Richard Davidson, "remodelándolo".[20] Y, como cualquier remodelación, esta también requiere acción recurrente y un poco de tiempo. Además, aprender una nueva habilidad a menudo exige desaprender interpretaciones profundamente arraigadas que aparecen como disposiciones emocionales automáticas y hábitos que pueden hacer que desees renunciar. Es fundamental que te des el don de la paciencia y el regalo del tiempo.

---

19   Richard J. Davidson and Sharon Begley, The Emotional Life of Your Brain: How Its Unique Patterns Affect the Way You Think, Feel and Live – and How You Can Change Them, (New York: Plume Publishers, 2012), 172.  Para otro fascinante libro sobre la plasticidad cerebral, ver Norman Doidge, The Brain that Changes Itself: Stories of Personal Triumph from the Frontiers of Brain Science (Penguin Books, 2007).

20   Davidson and Begley, The Emotional Life of Your Brain, 172.

Al comprometernos con un objetivo de aprendizaje, nos embarcamos en una montaña rusa de estados de ánimo: algunos son propicios para mantenernos en la ruta del aprendizaje, mientras que otros no podrían, incluso, descarrilar si no les prestamos atención. Esta es una parte inevitable del proceso de adquisición de nuevas habilidades y competencias, pero afortunadamente, es algo que podemos aprender a manejar con éxito si adoptamos medidas como las que hemos esbozado cuando nos encontramos en estados de ánimo improductivos.[21]

---

21 En este sentido, creo que los esfuerzos por traer al aula nuevas prácticas inspiradas en el libro de la profesora Carol Dweck, Mindset: The New Psychology of Success, tales como Mindsets in the Classroom: Building a Culture of Success and Student Achievement in Schools (Prufrock Press, 2013) de Mary Cay Ricci, pueden ayudar a educar a los niños sobre el papel fundamental que desempeñan los estados de ánimo en el proceso de aprendizaje. Mientras que la profesora Dweck se centra en la "mentalidad", prefiero concentrarme en los "estados de ánimo", aunque claramente exista una superposición entre estas distinciones. Sin embargo, creo que es importante diferenciarlos, ya que estoy segura de que podemos ir más lejos para ayudar a los niños (y adultos) a desarrollar la capacidad de navegar con éxito los cambiantes estados de ánimo que experimentan, y lograr lo que quieren lograr, no sólo en la sala de clases, sino en todas las facetas de sus vidas.

Al recordarnos la plasticidad del cerebro y las conexiones que se hacen cuando se desarrolla un desafío y un aprendizaje final, la profesora Dweck afirma que podemos cultivar una mentalidad de crecimiento, que a su vez nos llevará a ser más perseverantes, resistentes, menos temerosos de cometer errores, y más capaces de comprometernos con el esfuerzo requerido para lograr lo que queremos lograr. Aunque estoy de acuerdo en que tomar acciones para cultivar estados de ánimo que conducen al aprendizaje, como la autoconfianza y la perseverancia, es muy importante para lograr nuestros objetivos de aprendizaje, también es importante reconocer que todos nosotros –incluso aquellos que están comprometidos con permanecer abiertos a aprender y cultivar una mentalidad de crecimiento– caeremos en estados de ánimo negativos improductivos de vez en cuando, y si no nos detenemos a explorarlos y decidir cambiarlos, éstos pueden terminar limitando nuestro aprendizaje.

Los estados de ánimo no son cosas fijas que ocurren en la mente de un individuo. Caemos en ellos como resultado de la manera en que nos relacionamos con e interpretamos el mundo que nos rodea. Por lo tanto, aspirar a una mentalidad de crecimiento puede ser útil, pero el objetivo final no es si creemos que tenemos una mentalidad fija o una mentalidad de crecimiento, sino si podemos aprender a cultivar estados de ánimo que nos permitan permanecer más abiertos al aprendizaje y para lograr lo que queremos lograr, lo cual, estoy segura, es el objetivo de la profesora Dweck. Como afirmé anteriormente en este libro, los seres humanos están siempre en un estado de ánimo, a veces en más de uno, que determinan lo que vemos como posible o no. El estado de ánimo en que nos encontramos es gatillado por las predisposiciones que tenemos basadas en nuestras experiencias de vida y los valores o estándares que hemos adoptado, consciente o inconscientemente. Siempre experimentaremos una montaña rusa de estados de ánimo, y aprender a identificar, explorar y transformar estos estados de ánimo cuando impiden nuestro aprendizaje es una parte importante del proceso de aprendizaje, y es algo que, con práctica, ciertamente podemos aprender a hacer.

# 4

# Navegando cada etapa del proceso de aprendizaje

**S**i logramos superar los obstáculos que nos disuaden de permitirnos aprender algo nuevo, entonces podemos ir avanzando. Pero el simple hecho de embarcarse en el proceso de aprendizaje no garantiza el éxito. Habrá avances y retrocesos en el camino, y aunque estos son importantes para nuestro aprendizaje, tenemos que ser conscientes de que, muchas veces, junto a los inevitables problemas vendrán estados de ánimo negativos que pueden frenar nuestro aprendizaje, a menos que aprendamos a identificarlos y navegarlos. En esta sección, discutiré las distintas etapas de un típico proceso de aprendizaje, y los estados de ánimo comunes que tienden a surgir en cada fase. Al familiarizarnos con éstos, estaremos mejor preparados para permanecer atentos a los estados de ánimo negativos y para actuar cuando caigamos en los que no facilitan nuestro aprendizaje.

## EL MODELO DE ADQUISICIÓN DE HABILIDADES DE DREYFUS

En un artículo muy útil para reflexionar sobre lo que sucede cuando nos embarcamos en un proceso de aprendizaje, los hermanos Hubert y Stuart Dreyfus, filósofo e ingeniero experto en matemáticas, respectivamente, presentan un modelo para la adquisición de habilidades[22], donde proponen seis etapas donde se va encontrando la persona que aprende: principiante, principiante avanzado, competente, cualificado, experto y maestro. Los

---

22    Stuart E. Dreyfus and Hubert L. Dreyfus, A Five-Stage Model of the Mental Activities Involved in Direct Skill Acquisition. (U of California, Berkeley Operations Research Center, 1980).

autores argumentan que, dependiendo de la etapa en la que nos encontremos, podemos experimentar distintos tipos de logros, desafíos y emociones. Por ejemplo, revisemos lo que ocurre en las etapas "principiante" y "competente":

- *Un principiante* sigue instrucciones y reglas explícitas de los profesores y/o manuales, asumiendo que él o ella no está procediendo simplemente por ensayo y error. No se siente responsable de los resultados, o al menos no debe sentirse responsable de estos, aunque, como hemos visto con nuestros estudiantes, a menudo tienen expectativas poco razonables para sí mismos en esta etapa, y se sienten ansiosos y estresados si consideran que, de inmediato, no están contribuyendo plenamente. Un principiante puede sentirse "incómodo, inquieto, ansioso, pero está dispuesto a tolerar todo esto en aras del aprendizaje".
- Una persona *competente* está familiarizada con las reglas y puede ejecutar las prácticas comunes de un dominio. El número de elementos y procedimientos potencialmente relevantes que el alumno es capaz de reconocer y ejecutar es mucho mayor que los que tenía que manejar durante las primeras etapas del aprendizaje, lo que podría llegar a ser abrumador. Para hacer frente a esta sobrecarga, una persona competente adopta un plan, y busca reglas y procedimientos de razonamiento para decidir qué hacer. Enfrentar esta situación puede ser aterrador y agotador durante esta etapa.

Los hermanos Dreyfus sostienen que, para que alguien adquiera exitosamente nuevas habilidades, debe estar emocionalmente comprometido, y dispuesto a asumir riesgos y cometer errores. "Para los seres emocionales como nosotros, el éxito y el fracaso sí importan".[23] Describiendo el trabajo de la académica Patricia Benner con enfermeras en cada etapa de la adquisición de habilidades, Hubert Dreyfus señala que, a menos que un aprendiz permanezca "emocionalmente involucrado y acepte la alegría de un trabajo bien hecho, así como el remordimiento frente a los errores, él o ella no se desarrollará más y eventualmente quedará agotado intentando recordar todas las características y aspectos, reglas y máximas requeridas.

---

23    Hubert L. Dreyfus, On the Internet (London: Routledge, 2001), 37.

La resistencia al compromiso y a los riesgos conduce al estancamiento y, en última instancia, al aburrimiento y al retroceso".[24]

Aunque concuerdo con Dreyfus, nuestra experiencia nos ha mostrado que el requisito de estar emocionalmente comprometidos para seguir desarrollando nuestras habilidades puede ser perjudicial si no aprendemos a aceptar y navegar este factor como parte del proceso de aprendizaje. Aprender a navegar nuestro compromiso emocional es una parte esencial de aprender a seguir aprendiendo a lo largo de las diversas etapas del aprendizaje. Así como hay estados de ánimo improductivos que nos impiden siquiera emprender el proceso de aprendizaje, hay estados de ánimo improductivos que pueden aparecer después de que nos hemos embarcado en el aprender. Una persona que cree que es importante tener siempre la respuesta correcta sentirá que es muy estresante estar en una situación donde no la sepa, y donde posiblemente pueda generar el plan equivocado y fracasar, si se siente responsable ante otros por los resultados. Según sugieren los hermanos Dreyfus en su artículo, a pesar de haber alcanzado un nivel de habilidad "competente", tener que decidir continuamente qué hacer, cómo hacerlo, y arriesgarse a equivocarse puede generar demasiado agobio y temor, por lo que esa persona podría renunciar antes de alcanzar un nivel más alto de dominio.

El siguiente cuadro (tabla 3) basado en el modelo de Dreyfus,[25] muestra las definiciones de cada etapa del aprendizaje, y lo que podemos esperar que un aprendiz haga en cada etapa.

---

24   Id., 38.
25   Dreyfus, On the Internet, páginas 31 – 46.

## Tabla 3: Etapas de Aprendizaje de Dreyfus

| ETAPA DE APRENDIZAJE | DEFINICIÓN | ORIENTACIONES DE CONDUCTA |
|---|---|---|
| PRINCIPIANTE | Un principiante ha declarado que va a aprender a hacer algo. Sigue instrucciones y reglas (peticiones generales). No reconoce contextos. Aquí la persona no necesita pensar; solo hace lo que le dicen que haga. | El estudiante sigue reglas y procedimientos. |
| PRINCIPIANTE AVANZADO | Similar a un principiante, pero en esta etapa, la persona comienza a reconocer diferentes situaciones. Es decir, reglas diferentes para situaciones diferentes. El principiante avanzado tiende a orientarse más hacia las tareas. | El estudiante tiene experiencia limitada y puede realizar tareas básicas. El principiante avanzado aún no tiene mucho compromiso. |
| COMPETENTE | Una persona competente tiene más experiencia y puede ejecutar las prácticas básicas del ámbito que está aprendiendo. Un aprendiz es capaz de reconocer muchos más elementos y procedimientos potencialmente relevantes. En este nivel, una persona comienza a orientarse más hacia los objetivos y a sentirse responsable de las decisiones. | Con mayor experiencia, una persona competente comienza a descubrir patrones y principios. Las reglas se convierten en orientaciones o directrices. Para enfrentar distintas situaciones, aprende a diseñar planes o elegir una perspectiva; desarrolla/adopta orientaciones o directrices. |
| CUALIFICADO | Una persona cualificada tiene mucha más experiencia y, en general, sabe lo que debe hacerse, pero puede que aún no sepa cómo hacerlo. La persona comienza a utilizar su instinto y sus intuiciones, pero todavía tiene que decidir qué hacer o cómo hacerlo. | Las reglas son reemplazadas por discriminación situacional. La persona conoce los objetivos y los aspectos destacados, pero no necesariamente sabe qué hacer para alcanzar esos objetivos. Para decidir qué hacer, recurrirá a reglas y máximas. |
| EXPERTO | El experto no solo sabe lo que debe hacerse, sino que, dado su vasto repertorio de discriminaciones situacionales, inmediatamente ve cómo lograr dicho objetivo. | Un experto funciona casi enteramente por intuición y casi no utiliza el análisis o la comparación de alternativas. |
| MAESTRO | Un maestro es un experto que puede generar nuevos discursos y disciplinas a partir de anomalías en el dominio. Un maestro se dedica a la excelencia en su profesión y no está satisfecho con lo que se acepta como "comportamiento experto"[26] | Un maestro reinventa las reglas; genera nuevos discursos y disciplinas a partir de anomalías en el dominio. Un maestro está dispuesto a mirar más allá de la perspectiva que él/ella intuitivamente experimenta, y a elegir otra nueva con el fin de aprender y contribuir a su campo. Un maestro está dispuesto a regresar a etapas anteriores en la escala de aprendizaje, con el fin de tomar riesgos y aprender. |

---

26   Stuart E. Dreyfus and Hubert L. Dreyfus, Beyond Expertise: Some Preliminary Thoughts on Mastery. Publicado en A Qualitative Stance. Ed. Klaus Nielsen (Aarhus UP, 2008), 113-124.

En cada una de las etapas del aprendizaje, no solo somos capaces de lograr diferentes cosas, sino que también estamos sujetos a caer en diferentes estados de ánimo. A continuación se presenta una breve discusión de nuestras observaciones sobre las disposiciones emocionales que tienden a aparecer regularmente en cada una de estas etapas, junto con algunas pautas sobre qué acciones podemos tomar para seguir comprometidos con nuestro proceso de aprendizaje.

## DISPOSICIONES EMOCIONALES EN CADA ETAPA Y ORIENTACIONES PARA AVANZAR AL PRÓXIMO NIVEL

### Principiante

"Quiero aprender algo nuevo y estoy comprometido con hacerlo. Estoy apenas empezando y no sé qué hacer".

Un principiante puede sentirse incómodo en esta posición, pero está dispuesto a tolerar la incomodidad con el propósito de aprender. Las personas que no están dispuestas a tolerar este inconveniente considerarán muy difícil, si no imposible, ser principiantes, o embarcarse siquiera en un proceso de aprendizaje.[27]

Uno de los estados de ánimo que no propician el aprendizaje en esta etapa es la confusión. En este estado una persona ve que no sabe algo, y no le gusta, pues tiene el juicio de que es malo no saber. Quiere evitar esas situaciones y podría empezar a considerar la idea de renunciar, o hacerlo de plano si es incapaz de perseverar. Los estados de ánimo más propicios para el aprendizaje incluyen la perplejidad y el asombro. En estas predisposiciones, una persona reconoce que hay algo que no sabe, pero tiene la determinación y la ambición para poder descubrirlo.

Además, un estado de ánimo de impaciencia y grandes expectativas infundadas sobre la rapidez con que una persona debería ser capaz de hacer algo también puede llevar a un principiante a sentirse frustrado. Un estado de ánimo de inseguridad también puede estar presente bajo la superficie, ya que la persona podría pensar que "debería entender" las cosas rápidamente, y si no lo hace, podría hacer el juicio de que esto es demasiado

---

27 Un ejemplo que ilustra esta situación se presentará más adelante, en el estudio del caso de Robert.

difícil para él o ella, o que no es lo suficientemente inteligente. Si comete algunos errores o fracasa un par de veces, el principiante puede caer en la resignación sobre la posibilidad de aprender. Si un principiante se encuentra en cualquiera de estos estados de ánimo, o en una combinación de ellos, será importante que él o ella vea qué otros estados de ánimo podría cultivar para salir de los estados de ánimo que no le permiten alcanzar sus objetivos de aprendizaje.

Además de la perplejidad y el asombro para contrarrestar el estado de ánimo de confusión, un principiante también se beneficiaría si cultiva un estado de ánimo de autoconfianza en su capacidad de aprender, y un estado de ánimo de confianza hacia aquello que pueden colaborarle en su aprender (como profesores y mentores). Los estados de ánimo de paciencia, serenidad y determinación también son útiles en esta etapa, pues ya hemos comentado que el aprendizaje es un proceso que lleva tiempo. Nuestro sistema nervioso requiere tiempo; si no se lo damos, no aprenderemos. Podemos no saber qué hacer ni cómo hacerlo, podemos cometer errores, podemos fracasar, pero si practicamos, aprendemos de nuestros fallos, y nos damos tiempo para aprender, estaremos bien encaminados.

Para continuar aprendiendo, una persona debe adquirir cada vez más experiencia mediante la práctica. Para seguir mejorando, es importante que un principiante cultive un estado de ánimo de autoconfianza en su capacidad de aprender y busque profesores/mentores que puedan orientarlo y ofrecerle retroalimentación. Si un principiante cae en estados de ánimo que no son conducentes al aprendizaje en esta etapa, como la confusión, la resignación, la inseguridad, la frustración y la impaciencia, es importante que haga una pausa y reflexione sobre esos estados, como se recomienda en la sección anterior de este libro. En resumen:

- Reflexiona sobre tu objetivo de aprendizaje. ¿Por qué quieres aprender esta habilidad? ¿Qué podrías lograr si la desarrollas? ¿Qué podrías hacer que no puedes hacer ahora?
- Identifica y explora tu estado de ánimo de improductivo. ¿Cuáles son los juicios que están dando origen a tu estado de ánimo? ¿Cuáles son los estándares subyacentes a estos juicios? ¿Son estos estándares relevantes para tu situación? ¿Necesitan ser modificados?

- Identifica los estados de ánimo que serían más propicios para alcanzar tus objetivos. Si estás en un estado de ánimo de confusión, un estado de ánimo de perplejidad o asombro podría ser más útil para ti. Si estás en un estado de ánimo de inseguridad, podría ser importante construir un estado de ánimo de autoconfianza.
- Especula sobre qué acciones podrías tomar para transformar los estados de ánimo improductivos en estados de ánimo más propicios para alcanzar tus objetivos. Por ejemplo, si estás en un estado de ánimo de inseguridad respecto a tu capacidad de aprender, ¿qué acciones puedes tomar para cultivar un estado de ánimo de autoconfianza? ¿Puedes pedirle a alguien que sea tu mentor? ¿Puedes pedirle a otras personas que practiquen contigo? ¿Cómo has aprendido con éxito en el pasado? ¿Podría eso ser útil para ti ahora?
- Actúa. Pídele a alguien que sea tu mentor. Pide a otras personas que te ayuden y practiquen contigo. Para navegar con éxito tu estado de ánimo, debes actuar.

Durante este proceso de reflexión, conversar con mentores y profesores puede ser extremadamente útil para apoyar a un principiante a navegar sus estados de ánimo, sobre todo si el principiante aún no domina esta habilidad.

## Principiante Avanzado

"He estado practicando un poco y, en general, sé cómo realizar los movimientos básicos. Estoy bastante cómodo, pero tal vez me estoy poniendo demasiado confortable".

Al igual que el caso anterior, un principiante avanzado sigue las instrucciones y reglas de aprendizaje, pero se siente más cómodo y relajado ejecutando los aspectos básicos de una nueva habilidad. Un principiante avanzado tiene más confianza en sus habilidades para realizar los movimientos elementales, pero puede desmotivarse si deja de asumir nuevos desafíos.

El aburrimiento puede aparecer como un impedimento para el aprendizaje en este nivel. A menos que un principiante avanzado asuma nuevos desafíos, él/ella podría quedarse estancado aquí, aburrirse y eventualmente, desistir. Podría sentir que algo es fácil, quizás demasiado, y a menos que tenga una razón convincente para seguir practicando y corriendo riesgos que lo lleven más allá de su "zona de confort", es posible que el principiante avanzado no progrese mucho más y que no logre sus objetivos de aprendizaje iniciales.

Para seguir desarrollándose, es importante que el principiante avanzado se preocupe por lo que está haciendo. Las conversaciones que pueden ayudar a cultivar un estado de ánimo de ambición respecto a los objetivos de aprendizaje son importantes para motivar a los principiantes avanzados a seguir practicando y asumiendo riesgos que están fuera de lo que ya sabe hacer. Además, también es importante cultivar un estado de ánimo de autoconfianza en su capacidad de aprender y confianza en el proceso de aprendizaje. Está bien hacer cosas fuera de tu zona de comodidad; de hecho, esta es la única manera de seguir creciendo.

Si estás en la etapa de aprendizaje de principiante avanzado y te encuentras en un estado de ánimo que no es productivo para tus esfuerzos por aprender, como el aburrimiento, es importante hacer una pausa y participar en el proceso de reflexión recomendado en la sección anterior. Aunque no voy a enumerar cada pregunta de nuevo, en esta etapa vale la pena enfatizar que si vas a seguir desarrollándote, es fundamental adquirir una mayor participación. Para inspirar el deseo de involucrarte, pregúntate: ¿qué acciones podrías tomar para cultivar un estado de ánimo de ambición? ¿Qué te podrías comprometer a hacer si continúas desarrollando tus habilidades?, ¿Qué acciones puedes tomar para estar más involucrado? ¿Qué podrías hacer para salir de tu zona de confort con el propósito de lograr tus objetivos de aprendizaje y no renunciar en el camino?

## Competente

"Me siento responsable de producir resultados, pero no siempre sé qué hacer ni cómo hacerlo. Es un poco abrumador".

A medida que una persona adquiere más experiencia, empieza a sentir responsabilidad. En esta etapa del aprendizaje, los resultados dependen de la perspectiva o el plan adoptados por el aprendiz. Hay mayor incertidumbre y riesgo. Enfrentar distintas situaciones puede llegar a ser inquietante y agotador.

A medida que una persona asume una mayor responsabilidad, no es extraño que caiga en un estado de ánimo de ansiedad, pues depende de él o ella decidir qué hacer, y su decisión podría estar equivocada, lo que agregaría la sensación de miedo ante la posibilidad de cometer errores y fracasar. En esta etapa también podría aparecer un estado de ánimo de agobio. La persona competente podría sentir que hay tanto que él/ella no sabe hacer, y que no hay nada que pueda hacer al respecto, excepto trabajar realmente duro para, aun así, fracasar. La frustración y resignación son predisposiciones anímicas que también podrían aparecer en los actores competentes, ya que podrían sentir que no hay nada que puedan hacer para controlar todo aquello de lo cual esperan hacerse responsables.

En esta etapa, hemos descubierto que un estado de ánimo de autoconfianza en su capacidad de aprender, junto a la capacidad de pedir ayuda, son fundamentales  para seguir aprendiendo. Un estado de ánimo de confianza en el proceso de aprendizaje y en sus profesores, mentores, colegas y/o compañeros de estudios puede tener un impacto significativo en el aprendizaje continuo de las personas que han llegado a esta etapa de aprendizaje. Si saben que pueden pedir ayuda y que otros les ayudarán, entonces el hecho de no saber, de correr riesgos, o de cometer errores parece mucho menos aterrador.

Para avanzar al siguiente nivel, los hermanos Dreyfus declaran que una persona debe experimentar emociones asociadas al éxito y al fracaso. Las experiencias emocionales positivas fortalecerán las respuestas exitosas, mientras que las experiencias emocionales negativas inhibirán las respuestas no exitosas. Si un actor competente se encuentra en estados de ánimo de agobio, ansiedad, resignación, inseguridad y desconfianza, es importante que tome acciones para cultivar estados de ánimo alternativos y más productivos como la confianza, la serenidad, la ambición y la determinación. Para ello, recomendamos, una vez más, que haga una pausa y desarrolle el proceso de reflexión descrito en la sección 3.

Al participar en este proceso de reflexión, podrías identificar que estás en un estado de ánimo de ansiedad y descubrir que adhieres al estándar de que uno nunca puede cometer errores. ¿Este estándar le ayuda o le impide alcanzar sus objetivos de aprendizaje? En un mundo donde es imposible que sepamos todo lo que no sabemos, ¿no nos confieren los errores una gran cantidad de conocimientos sobre qué hacer o qué no hacer en el futuro? ¿Deberías adoptar otro estándar? Los estados de ánimo de autoconfianza y serenidad pueden ayudarte a seguir aprendiendo. No nos proponemos cometer errores y fracasar cuando intentamos aprender algo nuevo, pero cometer errores y fracasar son parte importante y necesaria del proceso de aprendizaje. Podemos recuperarnos de ellos y, mejor aún, aprender de ellos para seguir desarrollándonos. ¿Qué acciones podrías tomar para cultivar estos estados de ánimo? ¿Puedes contar con el apoyo de mentores o colegas? ¿Puedes dar pequeños pasos y buscar retroalimentación acerca de lo bien o mal que estás haciendo las cosas? Si eres un ejecutivo que intenta descubrir cuáles son los próximos pasos, ¿puedes implementar proyectos piloto que te permitan aprender qué funciona, qué no funciona, y recuperarte de esto último? Debes proponer una nueva acción y tomarla.

## Cualificado

*"Generalmente sé lo que hay que hacer, pero no siempre sé cómo hacerlo. Puede ser un poco frustrante a veces".*

Una persona cualificada confía en su capacidad para saber lo que hay que hacer. La acción se vuelve más fácil y menos estresante, ya que una persona en esta etapa de aprendizaje generalmente sabe lo que debe hacerse,[28] pero como no siempre sabe intuitivamente cómo realizar lo que se necesita, puede caer en estados de ánimo de frustración e impaciencia si él/ella espera poder hacer lo que sabe que necesita hacerse, pero todavía no puede. Esto podría conducir a otros estados de ánimo improductivos, incluyendo la resignación: "Sé lo que tengo que hacer, pero por alguna razón, ¡no puedo hacerlo! Esto es demasiado estresante. Tal vez es hora de renunciar".

Si una persona en este nivel se encuentra en estados de ánimo de frustración e impaciencia, tendrá que salir de ellos para no permitir que le impidan

---

28 Dreyfus, On the Internet, 40.

alcanzar sus objetivos. Una vez más, será beneficioso para su aprendizaje continuo detenerse y desarrollar el proceso de reflexión mencionado anteriormente para ver qué acciones necesita tomar. A menudo, hemos visto que las personas se encuentran en estados de ánimo de frustración e impaciencia (de hecho, muchas veces aparecen) porque tienen expectativas poco realistas sobre lo que deberían ser capaces de hacer. Ellos piensan que deberían saber hacer algo más rápido de lo que realmente son capaces. En nuestros cursos, por ejemplo, una vez que las personas comienzan a ver lo que necesitan hacer para crear confianza, a veces se frustran porque esto no produce inmediatamente los resultados deseados. Sin embargo, en esta etapa, puede ser que sepan lo que hay que hacer, y quizás vean cómo pueden hacerlo, pero todavía necesitan más experiencia y práctica durante un período de tiempo prolongado, para poder integrar esta habilidad y producir de manera consistente los resultados que quieren producir.

De esta manera, para seguir avanzando, una persona cualificada necesita más experiencia antes de que él/ella pueda reaccionar automáticamente. Que le importen las cosas es importante. Estas personas tienen que trabajar en cosas que le importan para sentirse motivados para lograr lo que se necesita hacer. Un método de estudio de caso desconectado no es suficiente si la persona pretende continuar practicando y seguir aprendiendo de las variaciones sobre lo que él/ella está haciendo para seguir mejorando. Es importante cultivar estados de ánimo de ambición y determinación para lograr que la persona cualificada pueda avanzar al siguiente nivel. ¿Qué acciones podría tomar una persona para cultivar la ambición y la determinación? Si estás en esta etapa de aprendizaje, te servirá mucho buscar mentores y colegas que te ayuden a navegar tus estados de ánimo para que puedas lograr los objetivos que te propones.

## Experto

"En general, sé lo que hay que hacer y cómo hacerlo. A veces, puede ser que no escuche a los demás porque ya sé qué hacer".

Un experto confía en su capacidad para producir resultados positivos. En esta etapa, una persona depende casi enteramente de la intuición.[29] Un ex-

---

29  Id., 42

perto está orientado hacia los objetivos, y gracias a su vasto repertorio de discriminaciones situacionales, se siente cómodo haciendo cambios sutiles y adoptando distintos enfoques para alcanzar un objetivo.

Un experto se siente cómodo con la incertidumbre en su ámbito de especialización, pero a veces puede caer en un estado de ánimo de arrogancia que le impide escuchar a los demás y explorar completamente lo que puede estar pasando. Lo que es obvio para el experto puede no ser tan obvio, dadas las nuevas situaciones que podría enfrentar. Un estado de ánimo de arrogancia puede aparecer como un obstáculo para el aprendizaje en esta etapa, ya que la persona podría no estar predispuesta a escuchar, hacer preguntas y explorar: "Ya sé todo lo que hay que saber" sobre cómo hacer esto. En broma nos referimos a este estado de ánimo como "expertitis"— una "enfermedad" común entre los expertos que puede estancar el crecimiento continuo y evitar que un experto alcance un nivel "maestro" si así lo desea. Los expertos pueden ser rápidos para encontrar las respuestas o soluciones correctas, pero posiblemente no estén abiertos a explorar los juicios y las alternativas propuestas por otros.

Además, los expertos en un ámbito de especialización a menudo esperan ser expertos en otros ámbitos, y cuando se encuentran en situaciones en las que no saben cómo hacer algo, pueden sentirse muy incómodos y vulnerables. "Me pagan por mi conocimiento experto", me dijo una vez un experto. "Si no sé qué hacer, entonces no debería ser parte de este equipo". Si un experto tiene el juicio de que él/ella debería saberlo todo, que es malo no saber, y que otros pensarán menos de él o ella si no sabe qué hacer, es menos probable que se permita volver a un nivel más básico de aprendizaje y, por lo tanto, permanecer abierto a aprender algo nuevo. Lo devorarán los estados de ánimo de confusión, frustración, inseguridad y desconfianza, que harán improbable su aprendizaje continuo. De esta manera, si un experto se encuentra en uno o más de estos estados de ánimo, es importante que haga una pausa y desarrolle el proceso de reflexión esbozado anteriormente para que pueda tomar acciones que le permitan seguir aprendiendo, si él o ella quiere hacerlo.

Para avanzar al siguiente nivel, un experto debe estar dispuesto a superar la perspectiva que él/ella intuitivamente experimenta como actor experto. En otras palabras, debe ignorar el desempeño adecuado disponible y arriesgar un retroceso en el desempeño con el fin de intentar un nuevo enfoque.[30] Tiene que estar dispuesto a volver a ser un aprendiz principiante o competente, por ejemplo, para poder explorar caminos que no son obvios para él/ella. También, estar abierto a la idea de que hay más cosas que podría aprender, y no tener el juicio de que es malo que él/ella no sepa todo. Los estados de ánimo de autoconfianza en su capacidad de aprender y confianza en el proceso de aprendizaje y en los demás son importantes para permitir que el experto asuma riesgos. Es importante practicar la suspensión del juicio y cultivar estados de ánimo de asombro y exploración para combatir el estado de ánimo de arrogancia que, de vez en cuando, podría aparecer. La maestría requiere motivación, y un experto que busca lograrla debe cultivar estados de ánimo de ambición y determinación.

### Maestro

"Soy capaz de funcionar intuitivamente en este ámbito de especialización, pero mi compromiso es hacer aún más. Veo posibilidades para la innovación continua y/o para hacer una nueva contribución a mi campo".

Sólo una pequeña fracción de los expertos en un ámbito alcanza la maestría,[31] y en nuestro trabajo, no hemos tenido mucha experiencia trabajando con personas que se hayan esforzado por alcanzar esta etapa. Sin embargo, puedo especular que el cultivo de estados de ánimo propicios para seguir aprendiendo, más allá del nivel experto, es crucial para motivar a aquellos que han alcanzado el nivel de maestría a seguir aprendiendo. Especulo que los estados de ánimo de ambición, determinación, asombro y perplejidad son claves para que las personas no solo alcancen la maestría, sino que sigan motivadas para aprender, para arriesgar un retroceso en el desempeño, para buscar anomalías, y para ignorar lo que puedan sentir intuitivamente, con el propósito de innovar o contribuir a su campo. Del mismo modo, conjeturo que un maestro podría dejar de aprender, y tal vez regresar a un nivel

---

30  Id., 42.
31  Dreyfus and Dreyfus, Beyond Expertise, 113 – 124.

experto, si cae en estados de ánimo que no son propicios para el aprendizaje continuo, como la arrogancia y la resignación, ya que estos estados de ánimo harán que el maestro sea menos propenso a buscar anomalías o hacer cualquier cosa más allá de lo que ya siente intuitivamente.

Como conclusión de esta sección, ofrecemos dos recursos que pueden ser de utilidad para el lector o la lectora. Para un resumen de las disposiciones emocionales que tienden a aparecer en cada etapa, tanto productivas como improductivas, y algunos lineamientos para seguir aprendiendo y avanzando a la siguiente etapa, ver la Tabla 4. Para una referencia rápida de los estados de ánimo en los cuales tendemos caer en cada etapa, ver la Figura 1.

En nuestra siguiente sección, abordaremos casos extendidos que muestran cómo podemos "aprender a aprender" si aprendemos a navegar nuestra predisposición hacia el aprendizaje.

Figura 1: Estados de Animo y el Proceso de Aprendizaje.

## Tabla 4: Resumen de las disposiciones emocionales en etapas de aprendizaje y lineamientos para avanzar al próximo nivel

| ETAPA DE APRENDIZAJE | DISPOSICIONES EMOCIONALES | LINEAMIENTOS PARA AVANZAR AL SIGUIENTE NIVEL |
|---|---|---|
| PRINCIPIANTE | Un principiante podría sentirse incómodo en su papel de principiante, pero está dispuesto a tolerar la incomodidad con tal de aprender.<br>Estados de ánimo que no son conducentes al aprendizaje:<br>Confusión, impaciencia, frustración, inseguridad.<br>Estados de ánimo que son conducentes al aprendizaje:<br>Perplejidad, asombro, autoconfianza, confianza, paciencia. | Una persona debe adquirir mayor experiencia al seguir practicando. Para seguir mejorando, es importante que un principiante cultive estados de ánimo que le ayuden a soportar la incomodidad que puede experimentar para seguir practicando. La autoconfianza en su capacidad de aprender y la confianza en el proceso de aprendizaje son importantes. Si un principiante cae en estados de ánimo que no son propicios para seguir aprendiendo, es importante que desarrolle el proceso de reflexión descrito en la sección 3 de este libro. Conversar con los mentores/profesores acerca de esto puede ser muy útil mientras un principiante aprende a navegar sus estados de ánimo. |
| PRINCIPIANTE AVANZADO | Un principiante avanzado aún está siguiendo instrucciones y reglas de aprendizaje, pero se siente más cómodo y relajado ejecutando los elementos básicos de una nueva habilidad. Puede desmotivarse si deja de asumir nuevos desafíos.<br>Estados de ánimo que no son conducentes al aprendizaje: Aburrimiento.<br>Estados de ánimo que son conducentes al aprendizaje: Confianza, ambición y determinación. | Para avanzar al siguiente nivel, un principiante avanzado debe involucrarse más. Tiene que importarle lo que está haciendo. Tiene que correr más riesgos. Cultivar un ambiente de ambición es importante para motivar un mayor compromiso y toma de riesgos. La autoconfianza en su capacidad de aprender y la confianza en el proceso de aprendizaje son importantes para que un principiante avanzado esté dispuesto a asumir riesgos. Si un principiante avanzado se encuentra aburrido, sugerimos que desarrolle el proceso descrito en la sección 3. |
| COMPETENTE | En esta etapa una persona comienza a sentir su responsabilidad. Los resultados dependen de la perspectiva o el plan adoptados por el aprendiz. Y ya que un aprendiz se enfrentará a muchas situaciones diferentes, muchas de las cuales no estará completamente preparado para enfrentar, existen mayor incertidumbre y riesgo. Afrontar esta situación puede ser inquietante y agotador. Es común el miedo al fracaso o el temor a cometer errores.<br>Estados de ánimo que no son conducentes al aprendizaje: Agobio, ansiedad, resignación, frustración.<br>Estados de ánimo que son conducentes al aprendizaje: Ambición, autoconfianza, serenidad y confianza en los demás y en el proceso de aprendizaje. | Para avanzar al siguiente nivel, los hermanos Dreyfus afirman que una persona debe experimentar emociones asociadas al éxito y al fracaso. Las experiencias emocionales positivas fortalecerán las respuestas exitosas y las experiencias emocionales negativas inhibirán las respuestas no exitosas. El cultivo de los estados de ánimo de ambición y determinación es importante en esta etapa para que estas experiencias negativas aparezcan como obstáculos a superar durante el proceso, y no como razones para renunciar. Si una persona en esta etapa se encuentra en estados de ánimo improductivos, puede desarrollar el proceso de reflexión esbozado en la sección 3. |

| ETAPA DE APRENDIZAJE | DISPOSICIONES EMOCIONALES | LINEAMIENTOS PARA AVANZAR AL SIGUIENTE NIVEL |
|---|---|---|
| CUALIFICADO | Una persona cualificada confía en su capacidad para saber lo que hay que hacer. La acción se vuelve más fácil y menos estresante, ya que la persona generalmente sabe lo que debe hacer, aunque no siempre sepa intuitivamente cómo hacer lo que necesita hacerse. Estados de ánimo que no son conducentes al aprendizaje: Frustración, impaciencia y resignación. Estados de ánimo que son conducentes al aprendizaje: Ambición, determinación, serenidad, paciencia, autoconfianza y confianza. | Para avanzar al siguiente nivel, una persona cualificada necesita mayor experiencia antes de que pueda reaccionar automáticamente. Debe trabajar en casos que le importen, para que esté motivado en lograr lo que se necesita hacer. El proceso de reflexión descrito en la sección 3 es importante si una persona cualificada se encuentra en un estado de ánimo improductivo. Cultivar los estados de ánimo de ambición y determinación es importante para motivar la práctica y el aprendizaje continuos. Cultivar la autoconfianza en su capacidad de aprender, y un estado de ánimo de confianza en los demás, puede ser útil para incitar a una persona cualificada a pedir ayuda, y buscar mentores y retroalimentación entre sus colegas. |
| EXPERTO | Un experto confía en su capacidad de producir resultados positivos y depende casi enteramente de la intuición. Estados de ánimo que no son conducentes al aprendizaje: Arrogancia. Además, los expertos en un ámbito de especialización a menudo esperan ser expertos en otros ámbitos, y cuando se encuentran aprendiendo algo totalmente nuevo, pueden sentirse muy incómodos por ser principiantes nuevamente. La confusión, la frustración y la inseguridad pueden devorarlos, evitando que progresen más allá en su aprendizaje. Estados de ánimo conducentes al aprendizaje: Asombro, ambición, determinación. | Un experto debe estar dispuesto a superar la perspectiva que, intuitivamente, experimenta como experto. Es decir, él/ella abandona el desempeño adecuado disponible y arriesga un retroceso en el desempeño para intentar un nuevo enfoque menos obvio. Si un experto aspira a convertirse en maestro, la suspensión del juicio y un estado de ánimo de asombro pueden combatir el estado de ánimo de arrogancia en que puede caer. Además, los estados de ánimo de la ambición y la determinación son importantes de cultivar, si pretende alcanzar la maestría. |
| MAESTRO | La disposición emocional de un maestro está alineada con el desarrollo de nuevas teorías y prácticas, y con realizar una contribución a su campo. Estados de ánimo que no son conducentes al aprendizaje: La arrogancia y la resignación pueden impedir que un maestro siga aprendiendo, ya que estará menos propenso a hacer preguntas y explorar caminos alternativos. Estados de ánimo que son conducentes al aprendizaje: En general, esperaríamos ver a una persona que ha logrado un nivel de maestría en el aprendizaje en un estado de ánimo de asombro y exploración. | El maestro constituye el nivel superior de la escala de aprendizaje, y si esa persona pretende asumir riesgos y estar dispuesta a ignorar sus perspectivas intuitivas con el fin de experimentar, aprender e innovar, es más probable que lo haga si él/ella es capaz de cultivar estados de ánimo de asombro, ambición y determinación. |

# 5

# WEST: Un laboratorio virtual para el desarrollo de habilidades

## LOS JUEGOS Y UN NUEVO AMBIENTE PARA EL APRENDIZAJE

Como ya he mencionado, gran parte de la inspiración para este libro proviene de un curso virtual de cuatro meses, completamente interactivo, que desarrollamos hace seis años: Trabajando eficazmente en pequeños equipos ("*Working Effectively in Small Teams*", que rápidamente pasó a ser conocido como el "curso WEST" o, simplemente, por sus siglas, "WEST"). En este curso, mediante la utilización de un juego de rol multi-jugador en línea o  MMORPG (por sus siglas en inglés), desarrollamos un laboratorio para el desarrollo de habilidades de comunicación y liderazgo, entre otras cosas. Más adelante discutiré el conjunto específico de habilidades en las que nos centramos en WEST, pero por el momento me interesa comentar que, antes de diseñar el primer piloto en 2009, mis colegas y yo estábamos seguros de que podíamos ayudar a las personas a desarrollar estas habilidades pues, en el transcurso de muchos años, hemos trabajado con muchos clientes en organizaciones que hacen precisamente eso. Sin embargo, nunca habíamos acometido este trabajo virtualmente en un entorno de videojuegos, y no estábamos seguros qué tan involucrados emocionalmente estarían los participantes mientras trabajaban juntos para completar misiones en un juego, el que no tenía absolutamente nada que ver con sus vidas reales.

La adquisición de estas habilidades, como la de cualquier habilidad, es un proceso que requiere compromiso emocional, práctica recurrente, tiempo y la navegación de disposiciones emocionales que pueden impedirnos alcanzar nuestros objetivos. Estas habilidades no pueden ser adquiridas sentados en una sala de clases o un taller. La vida real, por supuesto, es un gran lugar para practicar, pero puede ser arriesgado, particularmente en una organización, ya que inevitablemente cometeremos errores. En esta situación, podríamos ser reacios a practicar, y por lo tanto nuestro proceso de aprendizaje podría frenarse significativamente o, definitivamente, estancarse.

Después de más de una década de trabajo como consultores, estábamos complacidos con los resultados que nuestros clientes habían podido lograr al desarrollar habilidades que les permitían ser más eficaces en sus formas de trabajar entre ellos, y con sus clientes y proveedores. Sin embargo, nos preocupaba la cantidad de tiempo que a nuestros clientes les tomaba desarrollar estas habilidades, y ni hablar de los largos viajes que debíamos hacer para encontrarnos físicamente con nuestros clientes. Hasta que una mañana, mi padre y colaborador a lo largo de los años, Fernando Flores, se sintió intrigado por los MMORPG. Viendo cómo dos de sus nietos jugaban uno de estos juegos de forma remota, cada uno en su casa respectiva, quedó fascinado por la manera en que los dos chicos podían, no obstante, estar  juntos. Los escuchó discutir roles y estrategias, y hacer juicios constantes sobre lo que estaban haciendo bien o lo que hicieron mal, para poder definir una forma diferente de hacerlo la próxima vez. Mientras trabajaban juntos para cumplir sus misiones, mi padre también notó que los niños experimentaban diversos de estados de ánimo y emociones, en un período de tiempo muy corto. Un momento estaban gritando y celebrando, mientras que, unos minutos más tarde, suspiraban decepcionados. Después de explorar este tipo de juegos un poco más, e incluso jugar con sus nietos durante un tiempo, especuló que los MMORPG podían servir como excelentes plataformas para el aprendizaje integral de ciertas habilidades cruciales para el trabajo en equipo y el liderazgo efectivos, incluyendo la coordinación y la colaboración; la construcción de confianza, escucharse y trabajar entre distintas culturas; la construcción de equipos fuertes comprometidos con un propósito compartido; el manejo de los estados de ánimo, y la forma de afrontar el cambio y la incertidumbre continuamente. Así, mi padre pensó que podíamos ayudar a las personas a desarrollar los mismos tipos de habilidades que hemos estado inculcando en nuestros clientes durante muchos años, pero en un ambiente que:

- Se siente real y, por lo tanto, produce compromiso emocional.
- Es seguro y lúdico. Si tu avatar muere durante el juego, no es un gran problema. Puedes volver a jugar para intentarlo de nuevo en unos pocos minutos.
- Permite la práctica recurrente durante un período de tiempo, de modo que el aprendizaje puede también ser real. La práctica recurrente durante cierto lapso temporal modifica tu sistema nervioso, y aunque el mundo del juego no es real, el aprendizaje sí lo es.

Es cierto que, considerando que nunca había jugado juegos de este tipo, al principio me sentí escéptica, pero cuando comenzamos a aprender sobre estos juegos, ambos llegamos a la conclusión de que podrían ser increíblemente útiles en el aprendizaje integral de nuevas habilidades. Esto se puede fundamentar en tres razones:

En primer lugar, la educación no se refiere simplemente a la transferencia de conocimientos ni a la capacidad de aplicar conceptos. Cuando se trata de la adquisición de habilidades, en particular aquellas que tienen que ver con comunicarse y relacionarse, la educación consiste en permitir a otros asumir nuevas acciones que antes no eran capaces de tomar. Por esto, leer solamente o escuchar una conferencia no te permitirá incorporar estas habilidades. Éstas requieren interacción. Para aprender a coordinarnos más eficazmente, debemos hacerlo de forma activa. Para aprender a construir confianza, debemos participar realmente en situaciones en las que intentemos hacerlo. Para aprender a observar y manejar nuestros estados de ánimo, debemos experimentarlos y tomar acciones para intentar cambiarlos, cada vez que sea necesario. Y, precisamente, los MMORPG ofrecen a los jugadores muchas oportunidades para este tipo de práctica activa, ya que requieren que los jugadores interactúen mientras trabajan juntos para lograr objetivos.

En segundo lugar, siguiendo la argumentación de los hermanos Dreyfus, para que alguien pueda adquirir exitosamente nuevas habilidades, debe estar comprometido emocionalmente. Dicho de otra manera, una persona debe estar involucrada, le debe importar producir resultados. La experiencia del éxito y del fracaso es importante. Y como cualquier persona que juega –o que ha visto a otros jugar– podrá atestiguar inmediatamente, estos juegos pueden provocar una montaña rusa de estados de ánimo y emociones, en un corto período de tiempo. Mientras juegan con los miembros de su equipo e intentan lograr sus objetivos, las personas experimentan frustración, impaciencia, confusión, resignación, desconfianza, euforia, ambición, determinación, y muchos otros estados de ánimo y emociones, tal como sucede en la vida real. Los estados de ánimo y emociones experimentados por los miembros de un equipo muy a menudo hacen la diferencia en el éxito de su equipo, o en la construcción de relaciones de colaboración entre las personas. Así, estos entornos virtuales lúdicos pueden ser parte de grandes laboratorios de aprendizaje no solo al provocar estos estados de ánimo y emociones, sino también al proporcionar un ambiente donde podemos aprender a observarlos y tomar acciones para cambiarlos cuando la situación lo amerite.

Finalmente, todo aprendizaje real conduce a una reformulación de las disposiciones y tendencias de nuestros cuerpos hacia ciertos patrones de conducta, una reestructuración que requiere ciclos recurrentes de interacción. Para reiterarlo una vez más, el aprendizaje es un proceso, y toma tiempo. Aprender nuevas habilidades, particularmente del tipo que nosotros queremos ayudar a nuestros clientes a desarrollar, requiere una exposición recurrente a las circunstancias en las que se hacen necesarias estas habilidades, además de desaprender ciertos hábitos que hemos desarrollado en nuestra historia. Se trata de un tipo de aprendizaje que requiere más y más práctica. Al permitir a los jugadores experimentar situaciones que se sienten reales para ellos, y que guardan similitudes con las que experimentan efectivamente en la vida real, pero donde las consecuencias de cometer errores son bajas, los MMORPG pueden servir como una rica plataforma para la práctica recurrente en plazos cortos. Así, estos juegos pueden ayudar a producir un aprendizaje integral a un ritmo acelerado.

Basándonos en las reflexiones iniciales de mi padre sobre los juegos, diseñamos y ofrecimos nuestro primer piloto en 2009. Felizmente, nuestra apuesta de que un ambiente de aprendizaje bien diseñado, incluyendo una plataforma de juegos digitales, podría facilitar el aprendizaje, resultó ser correcta. El entusiasmo ante los resultados obtenidos por la primera ronda de participantes en 2009, nos llevó a, desde entonces, seguir ofreciendo el curso un par de veces al año.

En WEST, como se mencionó anteriormente, combinamos un juego, *World of Warcraft*, con:

- Un amplio marco de trabajo para que los participantes se observen en acción mientras trabajan junto a otros.[32]
- Espacios de reflexión que les permitan explorar sus juicios sobre lo que funcionó y lo que no, y especular sobre lo que podrían hacer diferente la próxima vez.
- Espacios para prácticas guiadas y recurrentes en las que pueden tomar acciones que les resulten incómodas pero necesarias, para que puedan aprender y adquirir las habilidades que desean adquirir.

En el desarrollo de un curso típico, comenzamos formando equipos de cuatro o cinco personas de distintos orígenes –diferentes profesiones, culturas, países–, y les pedimos que trabajen juntos para concretar determinados objetivos o misiones en el juego que, según nuestro diseño, inevitablemente los pondrán en situaciones donde no saben qué hacer, o no sabrán cómo hacer lo que se necesita. Al ponerlos en estas circunstancias, y al proporcionarles espacios posteriores de discusión y reflexión guiada, los participantes comienzan a observar sus estados de ánimo, sus juicios y sus estándares en relación al aprendizaje—el primer paso para aprender a aprender. Aunque el curso WEST se centra en el desarrollo de habilidades de comunicación y liderazgo, tales como habilidades de coordinación, escucha y construcción de confianza, descubrimos rápidamente que la clave para que los participantes desarrollen estas competencias reside en su capacidad de mantenerse abiertos y predispuestos al aprendizaje continuo.

---

32   Para más información sobre este marco de trabajo, ver las próximas secciones del libro. Ver también Fernando Flores, Conversaciones para la Acción y Ensayos Seleccionados.

Mientras trabajan con sus equipos, los participantes rápidamente descubren áreas de fortalezas y otras donde pueden estar atrapados, o en las que necesitan desarrollar sus habilidades. Se encuentran en situaciones donde son principiantes absolutos o están en algún otro nivel en la escala de aprendizaje, pero donde siempre necesitan involucrarse con otros y practicar juntos, para producir los resultados deseados y alcanzar sus objetivos de aprendizaje.

Como se podrá imaginar, y como veremos en algunos de estudios de caso que compartiré a continuación, el viaje hacia el logro de los objetivos de aprendizaje de cada participante del curso no siempre es fácil. Por dar un ejemplo, uno de nuestros clientes expresó lo siguiente: *Soy un ingeniero experimentado, ¡pero nunca he encontrado nada tan difícil como aprender a sintonizarme y construir confianza con mi equipo!* Todos los participantes en este curso comprenden el valor de aprender a trabajar más eficazmente con otras personas, y se comprometen con seguir desarrollando lo que algunos llaman "habilidades blandas"—aquellas que, para muchos, son cruciales para la fuerza laboral actual, pero que parecen ser escasas. No obstante, a pesar de su deseo de aprender, nuestros aprendices a menudo se enfrentan a lo que llamo *obstáculos emocionales para el aprendizaje*.[33] Caen en estados de ánimo que no son productivos para el aprendizaje. Algunos ejemplos:

- Algunos quieren aprender a delegar, pero se imbuyen en un estado de ánimo de resignación sobre su capacidad para ser buenos para eso, ya que tienen el juicio de que no deben pedir ayuda, o que no deben pedir a otros que hagan una tarea que ellos mismos pueden realizar. En lugar de practicar hacer peticiones a los miembros de su equipo, se quedan en silencio y tratan de hacerlo todo por sí mismos.
- Algunos quieren aprender a formar equipos fuertes alrededor de ellos, pero los embargan ánimos de impaciencia y frustración cuando los miembros de su equipo no hacen lo que ellos esperan que

---

33  Al respecto, consultar: Davidson, Kate. "Employers Find 'Soft' Skills Like Critical Thinking In Short Supply" (The Wall Street Journal, Agosto 2016). Ver también Torkington, Simon. "The Jobs of the Future – and Two Skills You Need to Get Them" (World Economic Forum, Septiembre 2016).

hagan. En lugar de intentar seguir construyendo sus equipos, se dan por vencidos y empiezan a hacer el trabajo por su cuenta. *¡El trabajo en equipo está sobrevalorado!*

- Algunos quieren aprender a construir confianza, pero se encuentran en un estado de ánimo de desconfianza y resignación que les impide tomar las acciones necesarias para comenzar a construir o reconstruir la confianza. *Es importante construir confianza, pero no confío en la reacción de mi colega, así que no voy a decir lo que realmente pienso.*

- Algunos quieren seguir desarrollando sus habilidades de liderazgo, pero en vez de practicar con sus equipos, se ponen ansiosos sobre cometer errores o llevar el equipo al fracaso. Cuando tienen la oportunidad de practicar su liderazgo, ellos prefieren pasar y no hacerlo.

- Algunos quieren aprender a cumplir su rol en el juego para contribuir al éxito de su equipo, pero en lugar de disfrutar el hecho de ser principiantes, caen en un estado de ánimo de confusión y resignación, porque piensan que ya deberían saber jugar. En lugar de pedir ayuda y seguir practicando para aprender, no están seguros de su propia capacidad de adquirir nuevas habilidades, se sienten avergonzados y empiezan a desconectarse.

La buena noticia es que, si aprendemos a salir de nuestros estados de ánimo improductivos, todas estas habilidades se pueden aprender. Caer inmerso en estados de ánimo improductivos es un suceso bastante común durante el proceso de aprendizaje, pero al aprender a observarnos a nosotros mismos cuando sucumbimos en estados de ánimo que pueden ser improductivos para el aprendizaje, y a explorar los juicios automáticos que pueden gatillar esos estados de ánimo, entonces quedamos libres para explorar las acciones que podemos tomar para cultivar estados de ánimo alternativos que sean más propicios para el aprendizaje.

A continuación, presentamos tres ejemplos de participantes que, en cursos que hemos realizado, aprendieron a salir de sus estados de ánimo improductivos para continuar sus particulares caminos de aprendizaje. En otras palabras, aprendieron a aprender.

## APRENDIENDO A APRENDER: ESTUDIOS DE CASO[34]

### Caso Nº 1: Permitir convertirse en principiante

"Soy malo para todos los juegos. Ni siquiera voy a intentar aprender esto. No quiero parecer estúpido."

*(De la ansiedad, la inseguridad y la resignación sobre la posibilidad de aprender, a estados de ánimo de autoconfianza y ambición al ser, nuevamente, un principiante.)*

Robert, un exitoso experto en medios de comunicación, participó en nuestro curso WEST. Junto a otras cuatro personas, conformó un equipo al que le pedimos realizar ejercicios que involucraban el cumplimiento de diferentes misiones en *World of Warcraft*. Nadie en el equipo tenía ninguna experiencia con este juego, ni con ningún juego multijugador en línea.

Comprensiblemente, todos los participantes estaban un poco incómodos por entrar en el juego, debido a su falta de familiaridad con aquel. Poco después, sin embargo, todos, excepto Robert, comenzaron a tomar acciones para aprender un poco sobre su avatar y el rol que supuestamente debían cumplir en su equipo. Se acercaron a nosotros e hicieron preguntas como: *¿Qué puede hacer mi avatar? ¿Qué poderes tiene? ¿Qué teclas debo presionar? ¿Qué arma utilizo? ¿Qué se supone que debo hacer en este equipo? ¿Atacar o curar?* Practicaron el juego un poco, y mientras practicaban, surgían nuevas preguntas. *¿Para qué sirve este nuevo botón? Tengo un nuevo hechizo, pero ¿cómo lo uso? ¿Cuándo debo usarlo?* A medida que iban surgiendo nuevas interrogantes, o cuando se quedaban estancados, le pedían ayuda a nuestro personal, o solicitaban apoyo entre ellos mismos. Así, en un par de semanas, con solo un par de horas semanales haciendo ejercicios en el juego, todos comprendían las reglas básicas del juego, y habían avanzado más allá del nivel de principiante. Excepto Robert. Desde la primera reunión con su equipo, él anunció que no era bueno para los juegos, que no le gustaban, y que ni siquiera iba a intentar aprender, porque sabía que sería horrible para eso. Por el contrario, dijo que actuaría como un "hincha", aupando y dando ánimo a sus compañeros mientras realiza-

---

34 Todos estos estudios de caso se basan en ejemplos reales, pero los nombres son ficticios, para respetar la privacidad de las personas.

ban sus ejercicios, y que después facilitaría las conversaciones posteriores porque, según dijo, "para eso soy realmente bueno".

Durante las próximas sesiones del equipo, cada vez que el equipo se reunía, Robert decía cosas como "¡bravo equipo!", "¡buen trabajo!", y "¡lo conseguiremos la próxima vez!" Pero, sin que él lo supiera, cuando, al inicio de los ejercicios, cada integrante debió escoger su avatar, Robert había elegido cumplir el rol de "tanque" en su equipo, rol crucial en el juego. El tanque es responsable de atraer y absorber la mayor parte del daño durante el ataque de algún enemigo, y si la persona que asume esa función no lo hace, el equipo tiene muy pocas posibilidades de éxito, sin importar lo bien que hagan su trabajo los demás. Como todos los demás miembros del equipo se tomaron el tiempo para aprender las reglas y los movimientos básicos de sus roles, rápidamente se dieron cuenta de la importancia del tanque, y pronto se sintieron frustrados con Robert. En una conversación privada con un miembro de nuestro personal, uno de ellos se quejó: "Nunca vamos a tener éxito porque él no sabe cómo desempeñar su rol, ¡y ni siquiera lo intenta!"

Aunque Robert pensaba que estaba ayudando al animar al equipo y manteniéndose al margen en todos los demás sentidos, ya que "no era bueno para este juego", sus palabras de aliento comenzaron a molestarles. Finalmente, uno de ellos le dijo: "Tu falta de voluntad para trabajar durante una hora con el personal, para que ellos te ayuden a aprender un poco de lo que se supone que debes hacer en este juego, demuestra que no estás comprometido con este equipo en absoluto". Robert se sorprendió por este comentario, y respondió:" Bueno, es que como soy tan principiante, creí que lo mejor era que me saliera de su camino para que el equipo pudiese ganar". Su compañero de equipo respondió: "No, no eres un principiante, porque un principiante por lo menos se compromete a aprender. No has hecho nada, y al no hacer nada, te has asegurado de que nunca tendremos éxito como equipo, porque el rol que tú debías cumplir es clave para conseguirlo".

Al reflexionar sobre esta situación con sus compañeros de equipo, Robert exploró los juicios que él tenía y que habían guiado su comportamiento:

- No soy competente en este juego, y como nunca he sido bueno para los juegos en general, no es posible que logre ser bueno para este.
- Para ser un miembro digno del equipo, es importante contribuir, y como no soy competente, no puedo contribuir. Si participo, solo atrasaré al equipo.
- Es mejor salirme del camino, y apoyar a mis compañeros desde afuera, que atrasarlos. Una persona incompetente no puede aportar nada.

Al tomar conciencia de su estado de ánimo, Robert vio que estaba en un estado de ánimo de resignación sobre aprender este tipo de juegos, y se sentía muy inseguro de su capacidad de aprender a jugar, sobre todo porque sus compañeros de equipo parecían estar aprendiendo. Él estaba preocupado de no poder aprender y decidió que era más fácil simplemente decir: "Ni siquiera voy a intentar aprender". Como experto en su campo, él estaba acostumbrado a que las personas acudiesen a él para obtener respuestas. Estaba muy incómodo al no saber qué hacer en el juego. Y además, también descubrió que, para él, probar y fracasar era peor que no intentar nada. Esto último le producía menos vergüenza.

En las reflexiones grupales, Robert vio que pensaba que solo podía participar en algo si lo hacía bien. En otras palabras, si no era competente, entonces no debía participar. Se dio cuenta de que esto era una expectativa poco razonable y difícil de cumplir, y que él podría desempeñar su rol de tanque como un principiante que sigue las reglas y hace lo que le digan. Vio que ningún otro miembro de su equipo esperaba que él fuese un experto. Simplemente, querían que fuera un principiante, que aprendiera los movimientos básicos de su avatar, y que pasara un poco de tiempo trabajando con alguien de nuestro personal para orientarlo en el juego y enseñarle los movimientos básicos que usa un tanque en una batalla.

Estos descubrimientos ayudaron a Robert a ver cómo se había cerrado a aprender algo nuevo, por temor al fracaso y por sentirse avergonzado. En el curso, se había negado a sí mismo la posibilidad de aprender a jugar el juego que usamos. Pero, más importante aún, esto le permitió ver que, en la vida real, él tenía muchas oportunidades para aprender cosas nuevas que no había aprovechado.

Después de esta conversación, Robert prometió pasar una hora con alguien de nuestro personal para tener una orientación básica sobre su avatar y el rol que cumplía en el juego, y así lo hizo. Aunque no se convirtió en un tanque experto después de una sesión, aprendió lo suficiente como para poder participar con su equipo durante el siguiente ejercicio, y para presionar un par de teclas en su teclado durante la batalla. Estaba emocionado por el progreso que logró después de una breve sesión de capacitación, y por el avance que el equipo podía lograr ahora que él sí estaba participando en el juego, en lugar de ofrecerles su apoyo desde el banquillo.

Robert y su equipo disfrutaron de los pocos ejercicios que les quedaban juntos, y como resultado de esta experiencia, él se puso feliz al descubrir que:

- Podía aprender algo nuevo si se lo proponía.
- Está bien no ser competente en todo momento. Él puede participar en actividades nuevas como un principiante, y puede actuar en consecuencia. Está bien no saber cómo hacer algo cuando estás empezando. Él puede pedir ayuda, y puede coordinarse con sus compañeros de equipo como un principiante.
- Sus estados de ánimo de ansiedad, inseguridad y resignación habían cambiado, y ahora podía observar que estaba en un estado de ánimo de autoconfianza en su capacidad de aprender y en un estado de ánimo de ambición respecto a ser un principiante.

## Caso N° 2: Permitirse ser un principiante con otros

"Soy demasiado viejo para aprender. La tecnología es para los jóvenes".

*(De la resignación a la determinación y la ambición.)*

Al igual que los expertos, no es extraño que las personas mayores se sientan muy incómodas en situaciones donde no saben hacer algo. En lugar de permitirse aprender, desafortunadamente deciden que ese "algo" no es para ellos. "Soy demasiado viejo" es un juicio común que subyace a un estado de ánimo de resignación. Al explorar este estado de ánimo, sin embargo, a menudo la gente comprende que éste se basa en estándares que no les ayudan a seguir aprendiendo, como "yo debería ser competente y si no lo soy, me tengo que mantener al margen".

Al respecto, hay un ejemplo que recuerdo especialmente, porque involucra a una participante que admiro mucho. Lisa, quien tenía poco más de ochenta años, era la presidenta y cofundadora de una organización sin fines de lucro, y se había inscrito en el curso porque quería aprender a trabajar en equipo de manera más eficaz, en particular con los equipos de voluntarios. "Tengo que supervisar a un montón de personas que son voluntarias lo que, a veces, puede ser un desafío, ya que no soy realmente su jefe".

Lisa era una principiante en el juego. Al comienzo, ella se sentía incómoda jugando, lo que era esperable. Había tantas cosas sucediendo en la pantalla de su computadora que no sabía por dónde empezar. Le pedimos que no se preocupara por nada en el juego, aparte de practicar los movimientos de su avatar. Lo hizo, y una vez que se sintió cómoda haciéndolo, estaba lista para el siguiente paso en el curso: empezar a coordinarse con su equipo mientras estaban en el juego juntos. Cuando se reunió con su equipo para realizar sus ejercicios, se desorientó, se separó de sus compañeros, y se sintió mal por su desempeño. Ella cayó en un estado de ánimo de frustración (pensó que debía ser capaz de ir al mismo ritmo que su equipo, pero no podía) y resignación (sentía que nunca sería capaz de ir a ese ritmo ya que "la tecnología era para los jóvenes".) Ella me llamó para decirme que, a su pesar, iba a tener que dejar el curso. Esto me dijo:

"Me siento decepcionada porque lo que estoy aprendiendo aquí sobre los equipos ya me ha ayudado fuera del curso, y no tengo dudas de que podría aprender mucho más".

"Entonces, tal vez deberías seguir en el curso", le dije.

"Me gustaría quedarme, pero no creo que deba hacerlo. No quiero atrasar a mi equipo. Estoy segura de que, al menos, uno de ellos está frustrado conmigo porque me pierdo todo el tiempo. Esta tecnología es demasiado difícil para mí. Es para los jóvenes".

"¿Crees que tu equipo podría ayudarte para que puedas desempeñar tu rol? Estoy segura de que tienes mucho que aportarle a todos ellos", respondí.

Hablamos un poco más, y Lisa me prometió pensarlo durante un par de días, aunque me dejó claro que seguía inclinándose por la renuncia. Sin embargo, cuando reflexionó sobre los estados de ánimo en los que se encontraba, y sobre lo que realmente quería aprender en el curso (cómo trabajar más eficazmente con sus equipos en la vida real), decidió completar el curso y pedirle a sus compañeros de equipo que la apoyaran en el juego para que ella pudiera cumplir su función. Me dijo: "Tengo mucho que aprender aquí y no voy a renunciar solo porque me desoriento durante el juego".

De hecho, sus compañeros de equipo estaban encantados de que siguiera participando con su equipo. Uno de ellos, quien al principio se preocupaba de que Lisa pudiese atrasar al equipo, me dijo: "Como equipo, podemos encontrar maneras de apoyarla para que ella desempeñe su rol. Yo puedo asegurarme de que no se pierda, pero no puedo reemplazarla. Ella es un miembro increíblemente valioso de este equipo. No todos los días puedo aprender de alguien con tanta experiencia de vida".

## Caso N° 3: Aprendiendo a disfrutar ser un principiante
"Tengo que demostrar que sé lo que estoy haciendo de inmediato".

*(De la frustración, la impaciencia y la inseguridad a la autoconfianza, la paciencia y la confianza en los demás.)*

Como Robert, Clara tenía una carrera muy exitosa. Tenía un magíster y un doctorado y, hasta hace poco, había sido la directora de un importante medio escrito. También había publicado varios libros y era una oradora muy solicitada. Antes de inscribirse en el curso WEST, lanzó un nuevo emprendimiento, y pensó que el curso podría ayudarla a ser más eficiente trabajando con equipos, algo que en sus roles anteriores no había tenido que hacer a menudo. Y al igual que Robert, Clara nunca había jugado un juego MMORPG, y estaba nerviosa por jugar con otras personas y hacerlo bien. A diferencia de Robert, sin embargo, ella estaba comprometida con aprender a jugar, y pasó muchas horas, incluso antes de comenzar el curso, jugando por su cuenta y tratando de entender cómo funcionaba el juego para poder contribuir de inmediato a su equipo.

Clara fue asignada a un equipo de personas muy exitosas, incluyendo el gerente general de una empresa de servicios financieros, un capitán retirado de la Marina estadounidense, y un alto ejecutivo de una empresa global de software. Cuando ella comenzó a reunirse con su equipo para sus ejercicios grupales semanales, no pudieron completar las misiones que les dimos. Ni siquiera estuvieron cerca. Clara encontró que a menudo se quedaba atrás respecto a su equipo, se perdía y/o la mataban –en el juego, por supuesto– y no sabía qué hacer. Los miembros de su equipo le ofrecieron ayuda: "Clara, ¿dónde estás? Quédate ahí, iré a buscarte. Haz clic derecho en mi avatar y presiona seguir". Una y otra vez, sin embargo, Clara no aceptó sus ofertas de ayuda: "No te preocupes, yo los encontraré. Estoy mirando un mapa. Me di vuelta, pero llegaré hasta allá". Otras veces, ella se quedaba callada y no respondía a sus ofertas de ayuda, o no seguía las instrucciones que le daban. Sus compañeros de equipo se sintieron cada vez más frustrados, y no sabían cómo ayudarla. "Si ella no escucha, ¿cómo puedo decirle lo que tiene que hacer?", preguntó uno de sus exasperados compañeros en una conversación privada. Clara también se fue sintiendo cada vez más frustrada. "Yo debería ser capaz de hacer esto", dijo. "He invertido horas de mi tiempo tratando de entender este juego por mi cuenta. Creo que entiendo lo que se supone que debo hacer, pero luego, cuando estoy en acción con el equipo, me desoriento y me pierdo".

Sus compañeros de equipo no sabían que Clara pasaba horas intentando dominar el juego por su propia cuenta. Un día, una de ellos le dijo que pensaba que no estaba tomando en serio su compromiso con el curso, porque no estaba preparándose adecuadamente para los ejercicios en equipo, y le pidió que se tomara una o dos horas para aprender el juego para que no atrasara tanto al equipo. En ese momento, Clara se molestó con su compañera de equipo –estaba más que comprometida con el equipo y con el curso– y le comentó que ella sí pasaba muchas horas practicando por su cuenta. De hecho, ella había pasado más horas que todos ellos juntos intentando "ponerse al día en este juego tonto", pero cuando se reunía con ellos, no se notaba. Mientras ella exploraba con sus compañeros lo que estaba sucediendo, Clara se dio cuenta de que había hecho los siguientes juicios que, tal vez, estaban obstaculizando su aprendizaje:

- Mis compañeros de equipo esperan que yo sea competente. Necesito mostrarles que lo soy.
- Yo ya debería ser competente a estas alturas, dada la cantidad de horas que le he dedicado a aprender este juego por mi cuenta. Debería ser capaz de dominar esto más rápidamente.

En esos primeros encuentros con su equipo, ella siempre se sintió muy estresada y con deseos de renunciar. La única razón por la que no se retiró, dijo, fue porque ella "no era de las que renuncian". El compromiso de perseverar la ayudó a mantenerse en el curso, pero odiaba cada momento de trabajar con su equipo. No estaba siendo, bajo ningún punto de vista, una experiencia divertida.

Clara estaba frustrada porque esperaba ser competente en el juego y no lo era. Sentía que ya debería saber jugar, y estaba impaciente consigo misma. Se sentía insegura sobre su capacidad de aprender el juego y cumplir con éxito la misión. "Todos los demás parecen saber lo que están haciendo". Ella pensaba que su falta de habilidad en el juego hacía que fuese una pérdida de tiempo para ella y para el equipo. Pensaba que debía ser capaz de dominar el juego más rápido. Y lo que es más importante, como pensaba que debía ser competente, ella no podía decir: "No sé cómo hacer esto. ¿Quién puede ayudarme?" Ella no quería que los demás pensaran menos de ella. No confiaba en que ellos pudiesen cuidarla. Se dio cuenta de que ni siquiera podía escuchar los intentos de otras personas de ayudarle o darle instrucciones. Cuanto más perdida estaba, más confundida se sentía, y peor se sentía. Se iba hacia adentro, y nunca se le ocurrió que había otras personas allí, incluyendo a sus compañeros de equipo, que estaban dispuestas a ayudarla. Después, reflexionando sobre esto con ellos, pudo ver que, de hecho, todos estaban muy frustrados con ella, pero no porque no supiera cómo hacer algo, sino porque no les permitía ayudarle.

Como resultado de esta experiencia, Clara descubrió que:

- Ella tenía expectativas poco realistas para sí misma. No solo esas expectativas no eran compartidas por sus compañeros de equipo, sino que no la ayudaban a aprender. Sólo colaboraban en que se sintiera más frustrada.
- No tenía que ser competente de inmediato. Estaba bien no saber cómo hacer algo o perderse en el juego. Ella podía pedirle ayuda a los demás, pues estaban dispuestos a ayudarla. Cuando se dio cuenta de eso, Clara decidió practicar la acción de decir "no sé" y pedir ayuda, en vez de siempre tratar de resolver las cosas por su cuenta. Ella le pidió a sus compañeros que le dieran sus opiniones y le avisaran cuando ella no estaba escuchando. Ellos aceptaron hacerlo.

En el transcurso de las próximas semanas, Clara seguía preparándose más que los demás participantes, pero ya no esperaba ser competente en el juego. Al final de la cuarta semana, Clara empezó a relajarse, a pedir ayuda cuando no sabía qué hacer, y a escuchar las preguntas e instrucciones de sus compañeros de equipo. Ella comenzó a confiar en su capacidad de aprender con su equipo, y a confiar en ellos. Su estado de ánimo de frustración desapareció. Era paciente consigo misma cuando quedaba atrapada, pero en vez de quedarse callada, pedía ayuda. En consecuencia, ella fue capaz de divertirse en el juego y aprender a jugar con los demás, mucho más rápido que por su cuenta. Así, su equipo tuvo mucho mayor éxito completando las misiones que les asignamos en el juego.

**Caso Nº 4: Aprendiendo a aprender más allá del nivel experto**
"Yo soy el experto aquí y es mi responsabilidad decirle a la gente qué hacer".

(*Transformar el estado de ánimo de arrogancia en asombro y exploración.*)

Pat, un consultor, experimentado jugador, y experto en *World of Warcraft* en la vida real, fue asignado a un equipo conformado por personas que nunca antes habían jugado estos juegos.

Durante sus primeros ejercicios, el equipo fue muy eficiente en el cumplimiento de las misiones que les dimos. Los miembros del equipo de Pat, que al principio habían estado muy nerviosos por el juego, ya que tenían cero experiencia antes del curso, estaban encantados de tener un experto entre ellos. Estaban contentos de recibir las instrucciones de Pat y de hacer lo que él les pedía que hicieran. Un miembro del equipo dijo: "Estaba tan estresado por jugar este juego, porque no tenía idea de qué hacer, y estoy tan aliviado de que Pat esté en mi equipo y nos diga lo que debemos realizar". Sin embargo, a medida que iban pasando las semanas, y los miembros del equipo de Pat adquirían mayor experiencia en el juego, comenzaron a hacer preguntas y a ofrecer estrategias alternativas a las que él proponía. Pero Pat invariablemente desechaba sus propuestas. "Eso podría ser una buena idea, pero esto es lo que tenemos que hacer, y así es cómo tenemos que hacerlo. Confía en mí, he hecho esto bastantes veces. Esta es la mejor manera de hacerlo".

Eventualmente, la estrategia de "lo que dice Pat o nada" falló. Habíamos pedido al equipo que viajara a una isla para conseguir una tortuga gigante. Hasta ese momento, no les habíamos asignado nada que los obligara a nadar bajo el agua, pero llegar a la tortuga probablemente requeriría eso, a menos que ellos inventaran algo diferente. Nadar en *World of Warcraft* no es un gran problema; es casi como caminar, pero para los adultos que nunca han jugado el juego antes, puede ser desorientador porque no ven ningún punto de referencia y no saben que pueden contener la respiración bajo el agua. También puede ser estresante, porque aunque no es real, se *siente* real, y no quieren ahogarse.

Pat había estado en esta parte del juego antes, y sabía exactamente qué hacer. "Nademos hasta la otra orilla", les ordenó. Su equipo accedió. Dentro de unos momentos, se desató el caos. Algunos de sus compañeros de equipo se desorientaron y se perdieron, otros fueron atacados por criaturas que nadaban bajo el agua y sus avatares murieron. Después de volver al punto de partida, Pat les pidió que siguieran la misma estrategia y explicó a dónde iban. Una vez más fue caótico. Un poco desgastado, pero seguro de que era la única manera de hacerlo, tranquilizó a un miembro del equipo que le preguntó si podía existir una forma diferente de conseguir la tortuga. "Confía en mí, así es como tenemos que hacerlo". Después de unos cuantos intentos más utilizando la misma estrategia, el mismo miembro del equipo que preguntó anteriormente si había otra forma de hacerlo recordó una estrategia que habían utilizado en un ejercicio anterior, donde habían atacado un objetivo desde lejos, y la criatura había corrido hacia ellos. "Eso no funcionará aquí", dijo Pat por alguna razón. Probaron la estrategia de Pat una vez más sin éxito y, afortunadamente, el miembro del equipo insistió y preguntó si podían probar la estrategia que habían utilizado en el ejercicio anterior. "¿Qué es lo peor que puede pasar?" Sintiéndose derrotado, Pat cedió, y el miembro del equipo intentó una nueva estrategia, una estrategia que rara vez intentaría un jugador experimentado en la misma situación, porque sabría –como Pat– cómo nadar y utilizar el mapa en el juego. Pero, sorpresivamente, la estrategia funcionó. Nadie más que Pat se metió en el agua, y el resto del equipo lo apoyó atacando desde la cómoda y familiar tierra firme. Misión cumplida.

Al reflexionar sobre su experiencia, Pat pudo ver que había caído en estados de ánimo de arrogancia y frustración. Vio que automáticamente hizo los siguientes juicios:

- Soy un experto en este juego. Sé todo lo que hay que saber, y aunque otros puedan tener ideas diferentes, solo necesitan escucharme. Sé cómo hacerlo.
- Mi equipo debería escucharme y debería ser capaz de hacer lo que les estoy pidiendo que hagan.

Mientras exploraba estos juicios, Pat comenzó a ver que, a pesar de que pensaba que su equipo debía hacer lo que él pensaba, en este caso no fueron capaces de hacerlo y él no sabía cómo guiarlos de manera efectiva. Aunque tal vez podría haber dado instrucciones a personas que podían ejecutarlas, al trabajar con un equipo de principiantes, él no sabía cómo conducirlos al éxito. Pat también vio que, en lugar de hacer juicios sobre las situaciones en las que se encontraban para crear una estrategia que pudiera funcionar, siguió intentando la misma estrategia una y otra vez sin éxito, sintiéndose cada vez más frustrado por sus fracasos. Se sorprendió al ver que fue necesario que alguien con menos experiencia en el juego ideara una manera que pudiera ser ejecutada por personas con menos experiencia.

Como resultado de este ejercicio, Pat empezó a entender cómo un estado de ánimo de arrogancia le impedía explorar diferentes maneras de actuar con otras personas que tal vez no tuvieran tanta experiencia, pero que podían ver cosas que él no veía. Empezó a hacer más preguntas. Aprendió a evaluar las situaciones desde la perspectiva de los principiantes, como sus compañeros de equipo, y comenzó a ver formas de hacer cosas en el juego que no había visto antes. El equipo empezó a asumir más responsabilidades y planteaba con regularidad estrategias eficaces para completar las misiones que les asignamos, lo que permitió que Pat siguiera aprendiendo sin la presión autoimpuesta de saber siempre qué hacer. Pat empezó a ver la posibilidad de seguir aprendiendo y de lograr la maestría, sin quedarse atrapado como el experto que conoce la única manera correcta de hacer algo. Al pasar de un estado de ánimo de arrogancia a uno de asombro y exploración, Pat comprendió que no saber algo no tenía que ser una fuente de frustración; antes bien, era una oportunidad para explorar nuevas preguntas y aprender algo nuevo.

# 6

## Adquiriendo otras habilidades: Más estudios de caso WEST

urante nuestras entregas del curso WEST, hemos descubierto que un aspecto clave del éxito de nuestros estudiantes en el desarrollo de las habilidades que intentaban adquirir era la disposición emocional en la que se encontraban durante el proceso de aprendizaje. Por lo tanto, mientras exponíamos reiteradamente a los estudiantes a situaciones donde las habilidades que querían desarrollar eran necesarias para que pudieran practicar, también les ayudamos a tomar conciencia de los estados de ánimo en que caían y que obstaculizaban su aprendizaje, y los apoyamos para que pudiesen actuar para salir de ellos y seguir aprendiendo.

En esta parte del libro, compartiré algunos estudios de casos que muestran cómo los participantes de WEST pudieron aprender a aprender, y como resultado, fueron capaces de desarrollar otras habilidades valiosas. Sin embargo, antes de abordar estos temas, quisiera ofrecer un poco más de contexto, describiendo el conjunto de habilidades específicas que ayudamos a desarrollar a los participantes en nuestro curso, junto con algunas palabras sobre los principios de diseño subyacentes a WEST.

## CONJUNTO DE HABILIDADES DESARROLLADAS EN WEST

Vivimos en una era global de redes que nos permiten conectarnos con una diversidad de personas en todo el mundo. Pero, en palabras del psicólogo Paul Ekman, experto de renombre mundial en la ciencia de las emociones, "... aunque todos somos iguales, también somos todos diferentes... en lo que heredamos y en lo que aprendemos".[35] Y no es sorprendente que todavía no seamos capaces de convivir en redes pluralistas: redes en las que personas de diferentes orígenes, nacionalidades, culturas y sistemas de creencias se comprometen a vivir y trabajar juntos, respetando sus diferencias y colaborando para crear valor los unos para los otros. Lograr esto involucra muchos desafíos. A menudo existe gran desconfianza entre las personas. En situaciones similares, podemos reaccionar de maneras muy disímiles. Tenemos diferentes expectativas, diferentes estándares de conducta, y diferentes actitudes que determinan lo que consideramos apropiado o inapropiado, y posible o imposible. Si creemos que otras personas no nos pueden entender o son demasiado diferentes a nosotros, podríamos renunciar a trabajar juntos a la primera señal de conflicto, ya sea un contrato de externalización con equipos internacionales, o un proyecto interdepartamental ejecutado por personas de diferentes campos profesionales. Si no podemos superar estos desafíos, nuestra capacidad de colaborar e innovar se verá afectada negativamente.

Los equipos necesitan nuevas habilidades que les permitan trabajar juntos de manera más eficaz. Estas incluyen:

- Capacidad de coordinar nuestros compromisos.
- Capacidad de aprender juntos y escuchar las preocupaciones, haciendo y explorando los juicios.
- Capacidad de construir confianza y repararla cuando esta se pierde.
- Capacidad de observar y manejar los estados de ánimo que están debajo de la superficie.
- Capacidad de cultivar la fortaleza emocional, la capacidad de afrontar continuamente los cambios y las perturbaciones.

---

[35]  Ekman, Emotional Awareness, 45.

Este es el conjunto de habilidades que presentamos a los participantes de WEST.[36] Aunque estas habilidades normalmente se entrelazan, en nuestro curso les ayudamos a desarrollar cada una de ellas, enfocando continuamente su atención en los elementos básicos de la comunicación: cómo coordinamos la acción, cómo hacemos y escuchamos juicios, y cómo caemos en estados de ánimo que nos abren y cierran posibilidades. Más adelante compartiré algunos estudios de caso. Pero antes, algunas palabras más sobre el diseño del curso.

## PRINCIPIOS FUNDAMENTALES DE DISEÑO PARA WEST

Hay tres principios rectores subyacentes al diseño del contenido y la entrega de este curso.

En primer lugar, la comunicación exitosa entre las personas se expresa en la coordinación exitosa de sus compromisos. Los seres humanos inventan su mundo a través del lenguaje. En su tesis doctoral pionera, Fernando Flores, se inspiró en y amplió la tradición de la "teoría de los actos de habla" creada por John Austin y desarrollada por John Searle, afirmando que hay un conjunto universal pero finito de movimientos conversacionales que las personas realizan, o pueden realizar, para coordinar sus compromisos mutuos:

---

36  Esta es nuestra definición provisoria de las habilidades blandas necesarias para trabajar con otros en el mundo de hoy. Sin embargo, en publicaciones recientes pueden aparecer definiciones ligeramente diferentes. Por ejemplo, The Wall Street Journal afirmó que empresas de todo Estados Unidos han dicho que es cada vez más difícil para las empresas encontrar candidatos "que puedan comunicarse claramente, tomar iniciativas, resolver problemas, y llevarse bien con sus compañeros de trabajo". Dicen que "aunque estas habilidades siempre han sido atractivas para los empleadores, los cambios económicos de varias décadas han hecho que cobren particular importancia ahora. Las empresas han automatizado o subcontratado muchas tareas rutinarias, y los puestos de trabajo que quedan muchas veces requieren que los trabajadores asuman responsabilidades más amplias que exigen pensamiento crítico, empatía u otras habilidades que las computadoras no pueden simular fácilmente" (Davidson, "Employers Find 'Soft Skills' Like Critical Thinking in Short Supply"). En su informe titulado Future of Jobs, el Foro Económico Mundial enumera las diez habilidades principales identificadas por altos ejecutivos y directores de recursos humanos en todas las industrias, y en las economías desarrolladas y emergentes. Entre otras, se incluyen: gestión de personas, capacidad de coordinarse con los demás, inteligencia emocional, capacidad de tomar decisiones utilizando el buen juicio, orientación al servicio, negociación, y flexibilidad cognitiva (The Future of Jobs 21). Estamos seguros de que las habilidades que priorizamos desarrollar durante el curso WEST son fundamentales para el desarrollo de los tipos de habilidades mencionados por estas dos organizaciones. The Wall Street Journal menciona que los empleadores están un poco resignados sobre la posibilidad de encontrar personas con estas habilidades: "De casi 900 ejecutivos el año pasado, el 92% dijo que las habilidades blandas eran igual de importantes o más importantes que las habilidades técnicas. Pero el 89% dijo que tenían muchas o algunas dificultades para encontrar personas con los atributos necesarios". La buena noticia, sin embargo, es que estos no son atributos fijos de las personas, sino de habilidades que se pueden desarrollar.

**PEDIR:**
Un hablante pide a un oyente que se ocupe de algo que preocupa al hablante.

**OFERTAR/PROMETER:**
Un hablante ofrece o promete ocuparse de algo que le preocupa al oyente.

**JUZGAR:**
Un hablante evalúa cómo alguna acción o cosa se relaciona con preocupaciones o compromisos específicos.

**AFIRMAR:**
Un hablante afirma (informa) los hechos que son relevantes para la preocupación inmediata.

**DECLARAR:**
Un hablante declara un nuevo mundo de posibilidades de acción en una comunidad.

Sin embargo, la forma en que estos diversos actos de habla aparecen o están disponibles para las personas puede variar, y un enfoque clave del curso WEST se centra en desarrollar la capacidad de nuestros participantes de observar estos movimientos –cómo se realizan y no se realizan– y, en consecuencia, desarrollar su capacidad de coordinarse más eficazmente entre sí.[37]

En segundo lugar, escuchar tiene que ver con explorar las preocupaciones de otras personas y estar predispuestos a encargarse de ellas. Por lo tanto, un enfoque significativo de los cuatro meses de trabajo en equipo es la exploración de cómo nos escuchamos unos a otros y cómo exploramos las preocupaciones, incluso si estas no han sido articuladas explícitamente. La manera en que hacemos, escuchamos y exploramos los juicios es un aspecto clave de esto.

Finalmente –y quizás lo más relevante para este libro– toda acción, incluido el aprendizaje, ocurre en un espacio emocional. Los estados de ánimo son omnipresentes, nos influyen en todo momento, y nos predisponen a distintas posibilidades. Si he visto muchas iniciativas de cambio en mi empresa que nunca cambiaron nada, podría sentirme resignada y cínica, y reacia a colaborar con aquellos que lideran el esfuerzo más reciente. No voy a hacer ofertas y no voy a hacer peticiones, aunque esos movimientos estén disponibles para mí. Si no creo que es apropiado pedir ayuda, estaré resignada

---

37  Para más información, ver Fernando Flores and Terry Winograd, Understanding Computers and Cognition (Norwood, NJ: Ablex Publ., 1987), particularmente el Capítulo 5. Ver también Fernando Flores, Conversaciones para la Acción y Ensayos Seleccionados.

en cuanto a mi capacidad de delegar, no importa cuánto sentido tenga hacerlo.

Por esta razón, nuestro trabajo con los equipos explora los estados de ánimo y aumenta la capacidad de las personas de navegarlos eficazmente, para que puedan lograr los objetivos de su equipo. Aprender a navegar los estados de ánimo que se interponen en la adquisición de la habilidad de coordinar nuestros compromisos y escuchar es esencial para que podamos aprender a hacerlo con éxito.

## DESARROLLANDO HABILIDADES DE COORDINACIÓN

Los actos de habla mencionados anteriormente son universales. No importa si estás en China, Estados Unidos o Brasil. Si quieres que alguien haga algo, tienes que hacer una petición. Si deseas hacer algo por otra persona, harás una oferta. Nada sucede entre dos personas a menos que se haga uno de estos dos movimientos. Coordinar exitosamente la acción entre las personas comienza con una petición o una oferta. Si los miembros del equipo no están haciendo ofertas y peticiones entre sí, es probable que ese equipo no esté colaborando bien.

Esto suena bastante simple, pero la manera en que los actos de habla se hacen, y qué clase de receptividad la gente tiene para cada uno de ellos, varía entre un país y otro, entre una cultura y otra, e incluso entre una persona y otra. Todos tenemos diferentes historias, diferentes experiencias educativas, y hemos adquirido diferentes normas y estándares sociales a lo largo de nuestras vidas. Por esto, respondemos de manera diferente a las situaciones. Lo que puede ser aceptable para alguien de California podría no serlo para un habitante de Shanghai. Lo que puede ser apropiado para alguien en la ingeniería podría no serlo un trabajador del área del marketing. Nuestras vidas determinan lo que consideramos posible o no, aceptable o no, sin que nosotros ni siquiera seamos conscientes de ello.

En nuestro trabajo, vemos que la gente entiende rápidamente que inventamos nuestro mundo con otras personas en el lenguaje usando este pequeño conjunto de movimientos conversacionales. Sin embargo, cuando se trata de hacer estos movimientos mientras actúan con otras personas, a menudo tropiezan. A ellos les gustaría que alguien los ayude, pero no pueden aventurarse a pedirlo. Tienen una gran idea para el equipo, pero no pueden aventurarse a hacer una oferta, o hacen una oferta que nadie acepta. Tienen juicios sobre la forma en que alguien está desempeñando su rol de una manera que puede ser perjudicial para el éxito de un proyecto, pero no los comparten públicamente. Algo los detiene. Se encuentran en estados de ánimo que no son propicios para trabajar en equipo, ni para alcanzar sus objetivos: la frustración, la resignación y la desconfianza. En vez de lograr sus objetivos, comienzan a desconectarse y, finalmente, se rinden.

La posibilidad de fracasar como equipo se reduce a medida que aprendemos a hacer y escuchar estos movimientos. Esto requiere que tomemos conciencia de los estados de ánimo que nos impiden hacer y escuchar estos movimientos, como la arrogancia o la resignación; requiere que exploremos los juicios que tenemos sobre la situación, y que descubramos los estándares que orientan nuestra conducta y que, es posible, debamos modificar o abandonar para lograr coordinarnos exitosamente con los demás. Debemos practicar los movimientos conversacionales, incluso aquellos que nos hacen sentir incómodos, sobre todo cuando estamos desaprendiendo hábitos y conductas autodestructivas. Solo mediante la práctica recurrente en el tiempo, podemos desarrollar estas habilidades y hacer mucho más eficaz nuestra forma de trabajar con las demás personas.

### *Aprendiendo a hacer peticiones efectivas*

Si queremos que alguien haga algo, tenemos que hacer una petición. Durante el curso WEST, los participantes aprendieron los elementos clave de una petición:[38]

1. Un hablante: Alguien hace una petición.
2. Un oyente: Se hace una petición a alguien específico.
3. Condiciones de cumplimiento: ¿Qué quieres que hagamos? ¿Cómo?
4. Antecedentes de obviedad: El hablante y el oyente tienen antecedentes similares para entender la petición.
5. Tiempo: Período especificado para el cumplimiento de la petición.
6. Petición: Acción que debe ser ejecutada en el futuro por el oyente.

---

38 Ver Fernando Flores, Conversaciones para la Acción y Ensayos Seleccionados, mencionado anteriormente.

Aunque estos elementos parecen obvios, existen muchas situaciones en las que una petición puede ser justificada, pero nadie la hace –no hay ningún hablante para la petición– y se pierde una oportunidad de coordinación. Muchas veces compartimos información con la gente, pero no hacemos peticiones que nos permitan coordinar nuestras acciones para lograr algo. Durante el curso, es posible que los estudiantes en el juego digan "estoy perdido" pero no pidan que alguien los encuentre o los guíe de regreso hacia el equipo. Un estudiante que llega tarde a una reunión de equipo puede enviar un mensaje de texto o un correo electrónico al resto del equipo diciendo "llegaré tarde", pero no hace una petición al equipo que pudiese orientar lo que harán sobre la reunión: ¿deben esperarlo?, ¿deben empezar sin la persona que llegará tarde?, ¿deben re-agendar la reunión? En esta situación, con el fin de lograr una coordinación más eficaz, hacer una petición es más útil que, simplemente, hacerles saber que llegará tarde. El estudiante podría pedir al equipo que espere, o que empiecen sin él, o que vuelvan a programar la reunión. La ausencia de esa petición deja al resto del equipo confundido en cuanto a qué hacer, lo que los lleva a pérdida de tiempo, frustración, y pérdida de confianza.[39]

¿Qué nos impide hacer peticiones? Tal vez simplemente no sabemos que una petición es un movimiento que podemos hacer. Tal vez debido a la cultura, la familia o la clase social, no tenemos mucha práctica haciendo pedidos; una vez que nos damos cuenta de eso, podemos practicar hacerlo más. Sin embargo, a menudo no nos sentimos cómodos pidiendo. Entendemos que *podemos* hacer una petición, pero no la hacemos. Tenemos juicios que nos lo impiden. Al igual que los juicios que se interponen en el camino del aprendizaje, tenemos juicios que nos convencen de que no está bien pedir ayuda o que no debemos hacer una petición. Por eso, en lugar de hacer peticiones, caemos en estados de ánimo negativos que incluso nos impiden ver las peticiones como movimientos posibles. La exploración de esos juicios y la modificación de los estándares que los producen son fundamentales para que podamos aprender a hacer peticiones y a delegar.

---

39  Por supuesto, en ausencia de tal petición, un miembro del equipo podría dar un paso hacia adelante y hacer una oferta que cuidaría tanto al integrante como al resto del grupo. Sin embargo, en esta situación concreta, nadie lo hizo, lo que también produjo reflexiones interesantes.

## Caso N° 5: Aprendiendo a delegar y pedir ayuda
"Pedir ayuda no es apropiado. Debo hacer las cosas por mí mismo".

*(De la frustración, la resignación, la inseguridad y la desconfianza a la auto-confianza, la confianza y la determinación.)*

Ann, una alta ejecutiva de una corporación global, se inscribió en WEST sin tener un objetivo de aprendizaje específico al principio. Ella sentía que trabajaba bastante bien en equipo, pero estaba dispuesta a fortalecer sus habilidades. Estaba muy ocupada en el trabajo y sentía que, tal vez, si fuera más eficaz en cómo trabajaba con los demás, podría tener una vida más equilibrada. La asignamos a un equipo donde ella era la única mujer, situación a la que ya estaba acostumbrada en los equipos que integraba en su trabajo. Inmediatamente, Ann tomó la iniciativa de convocar al equipo, programar horarios de trabajo, y ofrecer asistencia tecnológica a los miembros de su equipo. Comenzó a practicar por su cuenta antes de que el curso comenzara oficialmente, y se ofreció a ayudar a los miembros de su equipo si necesitaban algo.

Durante su segundo ejercicio, enviamos al equipo de cinco jugadores a un sector del juego que requeriría un importante grado de coordinación. Había una alta probabilidad de que algunos de ellos se perdieran o fueran atacados por personajes no jugadores (también conocidos como "NPC" o enemigos generados por computadora) que estaban en un nivel mucho más alto que los avatares de los jugadores. Les pedimos que gastaran no más de una hora viajando a un destino específico en el juego, pero sabíamos que las posibilidades de que cualquiera de ellos pudiera llegar eran poquísimas, a menos que viajaran en grupo y se apoyaran mutuamente, si alguno de ellos era atacado.

Poco después de comenzar el ejercicio, Ann, la líder designada para ese ejercicio, fue atacada por un oso, pero no se lo hizo saber a los miembros de su equipo. Ella intentó luchar contra el oso por su cuenta pero, como era de esperar, mataron a su avatar. En el juego, que te maten es solo una incomodidad momentánea, ya que regresas a la vida rápidamente. Pero Ann fue separada de los miembros de su equipo y no tenía muchas ideas sobre cómo volver a encontrarlos. El resto del equipo siguió avanzando sin saber lo que le estaba pasando al avatar de Ann.  Pasaron unos minutos y, finalmente, uno de ellos se dio cuenta que no la veía y le preguntó cómo estaba.

"Me mataron, chicos. Lo siento. Traté de defenderme, pero no funcionó. Estoy intentando volver a encontrarlos. Lo siento".

Entre cinco y diez minutos más tarde, otro miembro del equipo le preguntó cómo le estaba yendo. En un tono de gran frustración, ella respondió:

"Lo siento mucho, estoy intentando volver a ustedes, pero me siguen matando. Siento mucho haberlos atrasado".

Unos minutos más tarde, se le preguntó una vez más cómo estaba, y con aún más frustración en su voz, dijo:

"Lo siento, chicos. Estoy muy frustrada. Me siento horrible por atrasar al equipo. Todavía estoy intentándolo, pero tal vez deberían seguir sin mí".

Cuando se le recordó que la misión requería que todos los miembros del equipo llegaran a destino, una vez más se disculpó por atrasar a todos. Unos minutos más tarde, el tiempo se había acabado. No habían completado su misión y Ann se sentía culpable por no saber cómo reencontrarse con los miembros de su equipo, y por ser la razón de su fracaso.

"Lo siento. ¡Hoy no fui un buen líder! Fracasamos porque no pude volver a encontrarme con ustedes".

Inmediatamente después de terminar el ejercicio, el equipo comenzó a reflexionar sobre sus experiencias. Antes de esta reunión, habíamos asignado al equipo una lectura sobre *Conversaciones para la Acción*, en particular, la sección que desarrolla las peticiones. Cuando le pregunté a Ann si alguna vez había considerado pedir ayuda, ya que no sabía cómo viajar y reunirse con sus compañeros de equipo, me dijo que por un segundo  pensó en hacerlo, pero descartó inmediatamente esa idea y trató de descubrir cómo hacerlo por su cuenta. Cuando exploramos un poco más y preguntamos por qué ella no pidió ayuda, ella dijo: "No quiero ser el eslabón más débil del equipo. Es importante que yo haga mi parte, y que no moleste a mis colegas que están ocupados con sus propias cosas". No importaba que estuvieran todos sentados frente a sus computadoras esperando por ella. Cuando los miembros de su equipo la oyeron decir que se sentía como el eslabón más débil del equipo, expresaron su sorpresa. Dijeron que sentían que ella era siempre una líder en el equipo, y que realmente valoraban cómo había unido al equipo y cuánta ayuda le había entregado a cada uno de ellos en distintas ocasiones. Todos ellos concordaban en que no habrían pensado menos de ella si hubiera dicho: "No sé cómo regresar. Necesito ayuda. ¿Alguien puede decirme qué hacer?"

Al reflexionar, Ann vio que, durante el ejercicio, se encontraba en, al menos, tres estados de ánimo diferentes:

1. Frustración: Ella quería completar con éxito la misión con su equipo, pero no pudo regresar una vez que se separó de los otros miembros del grupo, y por eso no pudieron alcanzar el destino asignado.
2. Resignación: Ann quería cumplir la misión y regresar junto a los miembros de su equipo, pero como no podía encontrar la manera de volver a ellos sin que la mataran, a pesar de haberlo intentado varias veces, empezó a darse por vencida. No veía nada que pudiese hacer para que el grupo tuviera éxito.
3. Desconfianza/Inseguridad: Se dio cuenta de que no sabía cómo regresar con sus compañeros, pero sentía que si les preguntaba, el equipo juzgaría que ella era débil. Si pedía ayuda, no pensarían que ella fuese lo suficientemente competente como para estar en el equipo. También se veía a sí misma como el eslabón más débil.

Después de reflexionar más profundamente, Ann descubrió que varios juicios y estándares subyacentes guiaban sus acciones y le impedían pedir ayuda, lo cual a su vez impidió que su equipo aprendiera a viajar y completar satisfactoriamente su misión:

- Es importante saber siempre las respuestas. Si no las sabes, entonces los demás pensarán que eres incompetente o estúpida, y ambas cosas son malas.
- Si no sabes la respuesta, no obstaculices el trabajo de los demás.

Quédate callada para que la gente no crea que eres estúpida y pierda el interés en trabajar contigo.
- Una no debe ser una carga para los demás. Todo el mundo es responsable de sí mismo. Si no sabes cómo hacer algo, averígualo por ti misma.
- No es correcto pedir ayuda. Todo el mundo es responsable de sí mismo. Pedir ayuda es molestar a otras personas que ya están ocupadas con sus propios asuntos.

Ella también reconoció que la situación en la que se encontraba durante el ejercicio le sucedía regularmente en la vida real. En el trabajo, si no sabía cómo hacer algo, a menudo no delegaba ni pedía ayuda, sino que simplemente se aguantaba y trataba de averiguar cómo hacerlo sola. Al igual que en este ejercicio con su equipo, esto la hacía sentir frustrada y agobiada. Ella trabajaba muchas horas, pero aun así no podía hacerlo todo. Sentía resentimiento contra sus colegas que trabajaban menos horas sin siquiera ofrecerle su ayuda. También renunció a la posibilidad de pedir ayuda porque creía que no era apropiado que ella lo hiciera. Desde su perspectiva, sus únicas opciones eran trabajar más horas, agobiarse, o renunciar.

Para Ann, no fue fácil reconocer públicamente que no sabía hacer algo y que tenía que pedir ayuda. Ella provenía del sur de Estados Unidos, de una familia que creía que una mujer debía enfocarse en ser dueña de casa y no aspirar a tener una carrera. Trabajando en un ambiente en el que frecuentemente era la única mujer en un campo dominado por hombres, sus juicios sobre la conducta apropiada o inapropiada de su parte estaban profundamente arraigados. Ella creía que siempre tenía que demostrar que merecía ese empleo y que era igual de competente, si no más competente, que sus colegas masculinos. Aferrarse a esta creencia le impedía pedir ayuda o delegar en circunstancias en las que esa hubiese sido la mejor solución.

Después de este ejercicio, ella comprendió que sus juicios y estándares subyacentes sobre lo que constituye una conducta apropiada estaban obstaculizando su aprendizaje. También se dio cuenta de que, al no pedir ayuda, en realidad había dañado al equipo en lugar de aliviarle la carga que significaba ayudarla. Empezó a ver que decir "no sé" no es un signo de debilidad, sino un juicio que puede conducir a una participación más efectiva en el equipo. Permitirse decir "quiero/necesito aprender" y luego pedir ayuda, o determinar "no necesito saber esto" y luego delegar la tarea a otra persona, la dejaba libre para concentrarse en otros asuntos, en vez de pasar horas tratando de resolver las cosas por su cuenta.

Cuando Ann se dio cuenta de que los estándares que había establecido para sí misma en realidad estaban atrasándola tanto a ella como al equipo, decidió empezar a pedir ayuda durante los ejercicios con su grupo. Mientras más lo hacía, más fácil se iba haciendo, y esa facilidad también empezaba a trasladarse a su vida real. Fue capaz de salir exitosamente de los estados de ánimo que no eran conducentes al logro de sus objetivos. Pasó de la frustración, el agobio, la inseguridad y la resignación, a la autoconfianza y la determinación. Ella decidió aprender a pedir ayuda y a delegar más, y aunque al principio no fue cómodo para ella, siguió practicando con su equipo en el curso, y con sus colegas en el trabajo. Menos de un año después de haber participado en este curso, fue ascendida en el trabajo y le asignaron muchas más responsabilidades. Ella afirma que su ascenso se debió a su mayor capacidad para pedir ayuda y delegar, en vez de intentar hacerlo todo por su cuenta.[40]

## Caso N° 6: Aprendiendo a construir un equipo fuerte y a delegar de manera efectiva

"Si la gente no es competente, delegar es una pérdida de tiempo. Terminaré haciendo el trabajo yo mismo".

*(De la arrogancia, la frustración, la impaciencia y la desconfianza a la confianza, la ambición y la determinación.)*

Daniel, un ejecutivo de una empresa de construcción, se inscribió para nuestro curso "Trabajando eficazmente en equipos pequeños", en parte porque quería aprender a liderar de una manera diferente. "Tiendo a ser

---

40   Ann no está sola en esto. Como se mencionó anteriormente, de acuerdo con una encuesta Gallup de 2015, sólo uno de cada cuatro empresarios empleadores tienen un alto nivel de lo que llaman "talento para delegar", considerado clave para el crecimiento y la expansión de las empresas. Cuanto más alguien es capaz de delegar, más probable será que su empresa crezca. (Badel and Ott, "Delegating: A Huge Management Challenge for Entrepreneurs").

'de-arriba-hacia-abajo', y me gustaría desarrollar un estilo de liderazgo más colaborativo", nos dijo. Cuando comenzamos a trabajar juntos, descubrimos que Daniel no delegaba de manera eficaz, y que rápidamente caía en estados de ánimo que no eran propicios para aprender a hacerlo, ni para cumplir su objetivo de desarrollar un estilo de liderazgo más colaborativo. Aquí contaré cómo pudo alcanzar su objetivo de aprendizaje.

Daniel, un jugador experimentado, fue asignado a un equipo de cinco personas, y cada vez que se reunía con su equipo durante los primeros ejercicios, rápidamente les indicaba que el reloj estaba andando y que tenían que tomar decisiones en el juego. Los miembros de su equipo, todos inexpertos en *World of Warcraft*, querían hablar sobre la misión de la semana, sus roles, cómo iban a hacerlo, y sobre cada uno de sus objetivos de aprendizaje, para que pudieran apoyarse mutuamente durante el juego. En cambio, Daniel quería pasar menos tiempo hablando, pues quería solamente avanzar rápido en la misión. Cada vez que le tocaba liderar al equipo, simplemente les decía lo que necesitaban hacer y luego saltaba a la acción, si dar espacio a la discusión. Así, rápidamente se comenzó a frustrar porque sus compañeros no eran capaces de completar misiones que él, por su experiencia anterior, sabía que eran muy fáciles. En una conversación privada entre los dos, me preguntó: "¿Por qué no hacen lo que les pido? Les doy instrucciones bastante sencillas".

Mientras explorábamos la situación, Daniel preguntó si podía cambiar de equipo. No podía entender cómo, a pesar de decirles a los miembros de su equipo lo que debían hacer, aun así no ejecutaban esas acciones. Entre otras cosas, dijo cosas como: "Las misiones no son difíciles. Las he hecho muchas veces solo. Cualquier niño de 12 años puede hacerlo".

Mientras hablábamos, se dio cuenta que se encontraba en dos estados de ánimo que podían estarle impidiendo aprender a construir un equipo fuerte: la impaciencia y la arrogancia. Él ya sabía lo que había que hacer, y el deseo de sus compañeros de hablar era, para él, pura pérdida de tiempo. Desde su perspectiva, no había ningún valor en esas conversaciones, porque solo los retrasaban de completar la tarea inmediata. Él también estaba en un estado de ánimo de desconfianza sobre el equipo, pues eran incompetentes y no podían hacer lo que, incluso, la mayoría de los niños son capaces de hacer.

A medida que explorábamos estos estados de ánimo, Daniel comenzó a ver cómo estos no eran propicios para aprender a construir un equipo fuerte. Vio que estaba muy concentrado en completar la misión, pero no se concentraba en aprender a construir un equipo sólido, que es lo que realmente quería aprender. Al explorar sus juicios sobre las competencias del equipo, se dio cuenta de que:

- Su equipo no era competente en el juego, pero podían aprender algunas cosas básicas para poder desempeñar sus respectivos roles.
- A menos que cada miembro del equipo mejorara sus competencias, el equipo nunca completaría sus misiones, porque cada miembro tenía un rol crucial que cumplir para lograrlo. Un equipo sin un buen sanador (la persona que protege la salud de los miembros del equipo), por ejemplo, tiene menos probabilidades de éxito, al igual que un equipo sin un buen tanque, ya que esa persona tiene mejor armadura y puede absorber más daño causado por el enemigo.
- Él no podía cumplir todos los roles por sí solo, a pesar de saber cómo manejarlos, y si sus compañeros no podían ejecutar sus tareas, todo lo que él sabía daba lo mismo. No podía hacerlo por ellos y el equipo fracasaría.

A medida que fue reflexionando más, se dio cuenta de que el deseo de hablar que tenían sus compañeros de equipo tenía que ver con que ellos no sabían mucho sobre el juego. Sólo estaban intentando averiguar lo que cada miembro debía estar haciendo, y tenían muy poca comprensión de sus respectivos roles dentro del equipo. Él pudo comprender que simplemente decirles que atacaran no necesariamente conduciría a buenos resultados, si los atacantes no sabían cuándo y cómo hacerlo, y si los que se suponía que tenían que sanar a los demás no entendían su rol. Mientras reflexionaba sobre sus juicios y su expectativa de que la gente debía ser competente de inmediato, Daniel se dio cuenta de que los estándares a los que adhería no le permitían formar un equipo fuerte. Como líder, vio que la realización de la tarea inmediata era importante, pero también lo era la capacitación de los miembros del equipo para que pudiesen cumplir sus roles. Caer en la frustración cada vez que no se desempeñaban bien no iba a producir un equipo eficaz y sólido.

Después de explorar los juicios que estaban detrás de sus estados de ánimo, Daniel decidió capacitar a su equipo para que pudieran tener éxito, y se sintieran ambiciosos al hacerlo. Se ofreció a realizar una sesión de entrenamiento, que los miembros de su equipo aceptaron felices, y también propuso un par de nuevas prácticas, incluyendo una discusión inicial de 10 a 15 minutos antes de cada sesión, para hablar brevemente sobre la misión de la semana y sus roles, y ver si había alguna pregunta o petición de ayuda. Como resultado, después de solo dos sesiones de trabajo, él sintió que podía confiar en sus compañeros para desempeñar sus respectivos roles, y que no tenía que decirles exactamente qué hacer, porque ya sabían lo que debían realizar. Si no lo sabían, él les invitaba a hacer preguntas, y prometió hacerse el tiempo para escucharlos. Dijo estar mucho más relajado, y estaba feliz de que tuvieran un mayor éxito como equipo en sus asignaciones posteriores. Después, cuando le tocaba su turno para liderar, reconoció que realmente había disfrutado "tener tan poco que hacer".

No es sorprendente que la situación que Daniel descubrió durante el curso con sus compañeros fuese similar a lo que estaba experimentando en la vida real con su equipo en el trabajo. Decía que estaba frustrado con ellos porque, a menudo, encontraba que su trabajo estaba por debajo de sus expectativas, y en lugar de ayudarles a arreglar las cosas que él evaluaba como insatisfactorias, o incluso pedirles que hicieran algo desde el principio, él mismo hacía el trabajo, lo cual limitaba bastante lo que era capaz de hacer, y la cantidad de acuerdos comerciales que podían perseguir. Daniel vio que dudaba en delegar tareas a las personas que él supervisaba, y que, regularmente, simplemente decidía no hacerlo. "¿De qué sirve?", se preguntaba Daniel. "De todos modos esto volverá a mí, y me tomará mucho menos tiempo si lo hago yo mismo".

Daniel se observó en los siguientes estados de ánimo:

- Frustración: Quería ser capaz de delegar más para poder hacer otras cosas que requerían su atención, pero cada vez que le pedía a alguien de su equipo que hiciera algo, no cumplía con sus estándares y tenía que hacerlo de nuevo, lo que le hacía perder más tiempo.

- Desconfianza: No creía que su equipo fuese lo suficientemente competente para hacer lo que él necesitaba que hicieran. No tenían la misma experiencia que él, y por eso no podían cumplir con sus expectativas.
- Resignación: Pensaba que no había nada más que él pudiese hacer al respecto. El trabajo tenía que hacerse, y si su equipo no era competente, simplemente tenía que hacerlo él mismo y posponer o renunciar a otras cosas que necesitaban su atención.[41]
- Impaciencia: Él sentía que delegarle cosas a su equipo cuando sabía que tendría que hacerlo de nuevo él mismo, era una pérdida de tiempo. Delegar no tenía ningún valor.

Como resultado de su experiencia en el programa, Daniel pudo ver que los juicios que estaban detrás de los estados de ánimo en los que se encontraba no estaban bien fundamentados ni eran útiles para su objetivo de construir un equipo más fuerte. Si ellos no eran competentes, y no se tomaba el tiempo para entrenarlos, entonces nunca llegarían a ser más eficientes. Quizás pasar un poco más de tiempo entrenando a su equipo, revisando su trabajo, y pidiéndoles que intentaran nuevamente cumplir sus tareas, en vez de hacerlo todo él mismo, ayudaría a sus miembros a aprender y, eventualmente, a asumir más responsabilidades. Adquirió la ambición de ayudar a la gente de su equipo a crecer, y se propuso hacerlo. Entre otras cosas, introdujo nuevas prácticas en su trabajo que le permitían escuchar regularmente a las personas que supervisaba, a discutir los resultados que necesitaban producir juntos, y a hablar sobre los roles de cada uno para obtener esos resultados.

Después del curso, nos dijo que estaba teniendo éxito en el desarrollo de un estilo más inclusivo y colaborativo en el trabajo, y que como resultado, las personas que él supervisaba estaban trabajando intensamente sin necesidad de que él los supervisara. Sólo unos meses más tarde fueron capaces de concretar una exitosa presentación para una venta de varios millones

---

41 Coincidentemente, al explorar el ánimo de su equipo, Daniel pudo ver que también compartían un estado de ánimo de desconfianza y frustración. Ellos también se sentían frustrados, porque querían asumir mayores responsabilidades y crecer en sus carreras, pero no sentían que Daniel les estuviera dando la oportunidad.

de dólares, sin ninguna participación suya. Él estaba feliz y quedaba libre para dedicarse a otros proyectos para los cuales antes no tenía tiempo, y las personas que él supervisaba estaban contentas, ya que se sentían más apoyados por él que anteriormente, cuando él simplemente asumía todas las tareas y hacía todo solo. Al reflexionar sobre los estados de ánimo que le impedían delegar efectivamente y desarrollar un estilo de liderazgo más colaborativo e inclusivo, Daniel fue capaz de identificar acciones que podía tomar que le permitirían seguir fortaleciendo su equipo, en vez de simplemente resignarse o despedir al equipo. Al tomar esas acciones, Daniel fue capaz de transformar exitosamente los estados de ánimo de frustración, desconfianza, resignación e impaciencia en estados de ánimo de confianza, determinación y ambición. Había logrado su objetivo de aprendizaje.

Ann y Daniel son solo dos ejemplos de muchas personas que se muestran reacias a hacer peticiones. Para Ann, pedir ayuda no era posible; ella pensaba que no era algo apropiado para ella. Sin adoptarlo explícitamente, Ann adhería al estándar de que ella siempre tenía que ser igual de competente, si no más competente, que todos los demás. En consecuencia, pensaba que nunca debía pedir ayuda. Por su parte, Daniel no delegaba porque pensaba que asignarle tareas a personas que no eran competentes no constituía un uso productivo del tiempo, y en lugar de perder minutos valiosos, debía hacerlo todo él mismo. Por supuesto, esto le impedía fortalecer las habilidades de la gente que lo rodeaba y desarrollar un estilo de liderazgo más colaborativo, que es lo que él quería aprender a hacer. Otras personas no son reacias a hacer peticiones. De hecho, las hacen con frecuencia, aunque esto no necesariamente conduzca a las acciones que desean producir. Esto puede generar estados de ánimo negativos, relaciones dañadas, y la imposibilidad de cumplir los objetivos del equipo.

## Caso N° 7: Aprendiendo a hacer peticiones efectivas en un contexto civil

"La gente no hace lo que pido. ¿Qué sentido tiene trabajar en equipo?"

*(Transformar la frustración, la resignación y la desconfianza en un compromiso para crear confianza y decidirse a aprender).*

Mike, un alto oficial del ejército de Estados Unidos, quería aprender a dirigir mejor a los equipos en un contexto civil. A diferencia de las personas mencionadas en los dos ejemplos anteriores, Mike no era tímido al hacer peticiones. Sin embargo, al trabajar con equipos civiles, encontraba que a menudo era incapaz de producir las acciones que deseaba. Había pasado muchos años en el ejército, y estaba acostumbrado a dar órdenes a personas que estaban bajo su mando, y a que esas órdenes se cumplieran. Sin embargo, en el mundo civil no estaba teniendo el mismo éxito. "Le pido a la gente que haga algo, pero después no lo hacen, o bien no hacen lo que les había pedido", nos dijo.

No es sorprendente que, al trabajar con su equipo en el curso WEST, Mike experimentara la misma sensación. Él hacía peticiones que la gente aparentemente ignoraba, o trataba de cumplir, pero no de la manera que Mike quería. Por ejemplo, durante uno de los ejercicios de equipo que le tocó dirigir, pidió al equipo que se mantuviera cerca hasta que estuvieran listos para atacar. Mientras hablaban de su estrategia para derrotar al enemigo, un miembro del equipo, inocentemente, dio la vuelta a una esquina, y el equipo inmediatamente fue atacado. Al acercarse demasiado a los enemigos, el miembro del equipo los atrajo, haciendo que los enemigos rápidamente atacaran y los eliminaran. Durante la entrevista, Mike le dijo al responsable: "Le pedí a todos que se quedaran cerca, pero no lo hiciste".

Tras reflexionar, Mike observó lo siguiente:

- Él estaba en un estado de ánimo de frustración. Quería que sus compañeros de equipo hicieran lo que les pedía que hicieran, pero a menudo esto no ocurría. Se sentía particularmente frustrado cuando sentía que si sus peticiones hubieran sido aceptadas y cumplidas como él deseaba, el equipo habría tenido más probabilidades de completar la misión con éxito. Si su compañero de equipo se hubiera quedado quieto mientras desarrollaban la estrategia de ataque, podrían haber derrotado al monstruo. Como no fue así, todos murieron antes de tener siquiera la oportunidad de atacar.

- Él estaba en un estado de ánimo de desconfianza hacia sus compañeros de equipo. Los juzgaba totalmente incompetentes o no interesados en colaborar con él. En este caso, él hizo una petición muy específica, y, aún así, un compañero de equipo no permaneció cerca de ellos.

- Él estaba en un estado de ánimo de resignación. Sin importar cuántas veces él hiciera peticiones, era probable que sus compañeros de equipo no cumplieran. Se encontraba menos dispuesto a hacer peticiones y menos dispuesto a comprometerse con su equipo. "Estoy intentando, pero por alguna razón no puedo lograr que hagan lo que pido", dijo. "Esto fue un ejemplo típico. Hice una petición clarísima y mi compañero de equipo no hizo lo que le pedí".

Cuando Mike comenzó a reflexionar sobre estos estados de ánimo, pudo ver que no eran propicios para una colaboración eficaz con su equipo, ni para aprender a hacer peticiones efectivas y ser un líder en un contexto civil. Muy por el contrario, los estados de ánimo de frustración, desconfianza y resignación hacían que él tuviera ganas de decir: "Renuncio. No puedo trabajar con estas personas".

Mientras exploraba sus juicios, él comprendió que esperar que las personas a quienes realizaba peticiones supieran lo que estaba pidiendo y por qué, y que cumplieran su petición en consecuencia, podía ser razonable en el ejército, pero quizás no era igual de razonable en un contexto civil. Entendió que en el ejército, la gente experimenta una formación similar, comparten una historia similar, y se espera que cumplan las órdenes de sus superiores. En los entornos civiles, la gente a menudo no comparte una formación similar. Vienen de diferentes orígenes y profesiones, y posiblemente no entiendan lo que estás pidiendo que hagan ni por qué. Puede ser que, de buena fe, intenten hacer lo que piensan que les estás pidiendo, pero su interpretación puede ser diferente a la tuya, o pueden tener prioridades diferentes. Los civiles no tienen grados y no se sienten obligados a hacer algo solo porque alguien se lo pide. Antes de comprometerse a hacer algo, es posible que tengan que entender por qué es importante.

Mientras Mike exploraba los juicios detrás de sus estados de ánimo con su equipo, comenzó a ver acciones que él podía tomar para desarrollar su capacidad de hacer peticiones de manera más eficaz en este nuevo contexto. Compartió un juicio con el miembro del equipo que no se había mantenido cerca: "me frustró un poco que no te quedaras cerca como yo te pedí". El miembro del equipo respondió: "Sí me mantuve cerca. Estaba escuchando la conversación. Sólo me adelanté unos cuantos metros para ver a qué nos podíamos enfrentar, para poder decirle al equipo".

Reflexionando sobre la respuesta del miembro de su equipo, Mike se dio cuenta de que a veces la gente no hacía lo que les pedía simplemente porque no entendían lo que quería o por qué lo quería, no porque fueran incompetentes o no estuvieran interesados en trabajar con él. Se dio cuenta de la importancia de dos elementos clave de una petición: 1) tomarse el tiempo para discutir las condiciones de cumplimiento cuando se hace una petición—¿qué quieres que se haga y cómo?, y 2) construir antecedentes de obviedad para asegurar que la gente que escucha tenga más antecedentes para entender la petición. En este caso, el equipo de Mike no tenía idea de por qué él les había pedido que permanecieran cerca, y por eso un miembro del equipo –pensando que estaba cumpliendo la petición de Mike– hizo exactamente lo que Mike buscaba evitar. Tras reflexionar, Mike se dio cuenta de que su petición podría haber sido más eficaz si no hubiera dado simplemente una orden de permanecer cerca, sino que también hubiera compartido los juicios que lo llevaron a formular esa petición. Podría haber dicho algo así como: "Hay muchos enemigos aquí, y si nos acercamos demasiado a ellos, nos atacarán. Es importante quedarnos todos juntos y no movernos mucho para no atraerlos hacia nosotros por accidente. ¿A todo el mundo le parece bien eso?"

Al reflexionar sobre esta situación y otras similares, Mike se dio cuenta que los estados de ánimo de frustración, resignación y desconfianza en que a menudo él se encontraba no eran propicios para trabajar con civiles, ni para aprender a liderar y colaborar en un contexto de este tipo. Al explorar los juicios detrás de estos estados de ánimo, Mike se dio cuenta que sencillamente no sabía cómo hacer peticiones de una manera que pudiera producir los resultados que él buscaba, y comenzó a ver cómo podía pedir de manera más eficaz. Decidió tomar acciones para construir una comprensión compartida, y para compartir las preocupaciones que estaba tratando de abordar. También descubrió que a veces los miembros de su equipo no aceptaban sus peticiones porque sentían que ellos tenían una mejor manera, o una diferente, de lograr los mismos objetivos. Su juicio de que ellos no querían cumplir sus peticiones porque eran incompetentes, o no estaban interesados en colaborar para completar las misiones, era infundado. En lugar de renunciar a trabajar con ellos, decidió seguir haciendo peticiones, pero también decidió compartir los juicios que las habían originado. Ellos podrían explorarlos juntos y ponerse de acuerdo sobre lo que debían hacer para aumentar sus probabilidades de éxito. Al explorar sus estados de ánimo y los juicios subyacentes que los gatillaban, Mike pudo transformar estados de ánimo que no eran propicios para aprender a hacer peticiones efectivas, en estados de ánimo de determinación y compromiso. Él decidió construir confianza con su equipo, y no darse por vencido.

*Aprendiendo a hacer ofertas efectivas*

El otro movimiento conversacional que podemos realizar para conseguir algo es hacer una oferta: una promesa condicional de encargarse de algo que al oyente le preocupa si el oyente acepta nuestra oferta. Durante el curso, los participantes también se informan sobre las ofertas y les presentamos los elementos básicos de este acto de habla:[42]

1. Hablante
2. Oyente
3. Condiciones de cumplimiento
4. Antecedentes de obviedad
5. Oferta/Promesa: Acción que se realizará en el futuro por la persona que hace la oferta/promesa.
6. Tiempo especificado para el cumplimiento de la oferta

Al igual que con las peticiones, en la teoría, realizar esta acción parece algo bastante sencillo. Sin embargo, en nuestra experiencia en el curso WEST, observamos que las personas no hacen ofertas a menudo, incluso cuando

---

42   Ver Flores, Conversaciones para la Acción y Ensayos Seleccionados, 10.

hacerlo traería muchos beneficios para el equipo. En otros casos, las hacen, pero sus ofrecimientos no son aceptados o no producen el resultado deseado. En consecuencia, no solo hay oportunidades perdidas que podrían agregar valor a nuestros equipos, sino que los miembros del equipo también se encuentran en estados de ánimo negativos que no son conducentes a la colaboración continua y al logro de sus objetivos.

### Caso N° 8: Aprendiendo a hacer ofertas

"No está bien que yo haga ofertas. Es presuntuoso asumir que sé algo que mis colegas no saben".

*(De la resignación respecto a las ofertas a la decisión de aprender a hacerlas.)*

Chris, consultor sénior y gerente de proyectos de una empresa de energía global, fue asignado a un equipo con personas que no conocía provenientes de Estados Unidos, Australia y México. Durante los ejercicios del equipo, Chris permaneció muy callado. Apenas hablaba, a menos que alguien le hiciera una pregunta. Después de un par de semanas en el curso, leí sus respuestas escritas a una tarea, las que demostraban que tenía mucho que decir sobre el trabajo que él y su equipo habían estado haciendo; sin embargo, no había discutido ninguna de esas cosas con su equipo, en los momentos en que pudo haberlo hecho. Coordinamos una conversación presencial, y nos juntamos, se hizo evidente que Chris tenía muchas observaciones interesantes sobre cómo estaban trabajando juntos en el equipo, incluyendo las cosas que él consideraba que estaban funcionando bien y lo que no. Incluso, me comentó muy buenas sugerencias sobre nuevas prácticas que podrían ayudar al equipo. Sin embargo, él se mostraba muy reacio ante la perspectiva de presentarlas ante el equipo. "¿Quién soy yo para imponerles mis ideas a ellos? Son personas inteligentes. Lo que terminan haciendo es tan bueno, si no mejor, que lo que yo propongo". Por mi parte, lo animé a hacerle propuestas a su grupo, pero no observamos muchos cambios en el siguiente ejercicio. Le pregunté por qué no pasó, y él, simplemente, me dijo que no pensó que fuese apropiado decirle a su equipo lo que él pensaba que debían hacer. Estaba en un estado de ánimo de resignación en relación a las ofertas que podía hacer. Sentía que, para él, ese movimiento no era posible. Poco después, los propios miembros de su equipo comenzaron a decirle que sentían que él se estaba guardando cosas, y que al leer sus tareas, sabían que tenía mucho más que ofrecer y se preguntaban por qué no hablaba.

Al reflexionar, Chris comenzó a ver que no solo durante los ejercicios de equipo, sino que en la vida real, casi nunca hacía ofertas, y que esto era un obstáculo para él, porque quería convertirse en un empresario. "¿Cómo voy a vender mis servicios si no puedo ofrecerlos a la gente?" Chris era un hombre muy brillante, y la gente lo felicitaba a menudo por su desempeño. Estaba muy cómodo aceptando las peticiones de sus jefes o de sus colegas, pero se sentía incómodo haciendo ofertas. No quería ser visto como presuntuoso ni actuar como si supiera más que los otros. "Desde que era pequeño, me enseñaron a no presumir y no suponer que yo sé más que los demás". En consecuencia, había muchas oportunidades que se le pasaban, y no buscaba oportunidades que pudieran ser interesantes para él y/o para las otras personas. Hacer una oferta simplemente era algo que él no podía hacer, incluso aunque veía que era importante hacerlo, si quería tener éxito como empresario.

Al reflexionar sobre sus experiencias con sus equipos durante el curso, Chris comenzó a ver que una oferta era realmente una oportunidad para encargarse de alguna preocupación de otra persona. Si el receptor de una oferta juzga que esta es valiosa porque aborda algo que le importa, entonces es probable que la acepte. De lo contrario, dirá que no. Eso le hizo cambiar su juicio de que hacer una oferta no era apropiado porque era presuntuoso. Si podía abordar las preocupaciones de las personas, estas encontrarían que esa acción era valiosa, no presuntuosa ni arrogante. Como podía ver la importancia de aprender a hacer ofertas si iba a emprender más proyectos empresariales, Chris decidió mejorar su habilidad para hacer ofertas y comenzar a practicarlas más, algo que era muy incómodo para él. Durante sus ejercicios de equipo, hizo ofrecimientos para liderar, investigar ciertos aspectos del juego, ayudar a sus compañeros de equipo cuando pensaba que lo necesitaban, y así sucesivamente. También comenzó a hacer esto mismo fuera del curso. Cuando terminó su participación en el WEST, se ofreció para organizar una gran reunión familiar, y actualmente está desarrollando varios emprendimientos comerciales.

## Caso N° 9: Aprendiendo a hacer ofertas efectivas

"Hice una oferta que a la gente parecía gustarle, pero nada sucedió".

*(De la frustración, la resignación y la desconfianza a la determinación.)*

Jane, una reservista de la armada y ávida jugadora de *World of Warcraft* en la vida real, fue asignada a un equipo con personas que no tenían mucha experiencia con videojuegos. Ella estaba preocupada por la capacidad del equipo de completar exitosamente las misiones asignadas, dada su falta de competencias en el juego. Habló con Mary, la integrante del equipo que había accedido a cumplir el rol de tanque, una función muy importante para un equipo de este juego. Mary era probablemente la persona del equipo que tenía menos experiencia, y la que se sentía más nerviosa por decepcionar al equipo. Jane se ofreció a pasar tiempo con Mary en el juego y a entrenarla como un tanque. Mary dijo: "Eso sería genial. ¡Muchas gracias!" Cuando llegó el momento de su próximo ejercicio de equipo, el equipo fracasó. Jane y Mary no se habían juntado antes de la reunión, y estaba claro que Mary todavía no sabía cómo desempeñar su función de tanque.

Jane se encontró en los siguientes estados de ánimo:

Frustración: Quería completar la misión con éxito, pero la falta de habilidades de su equipo lo hacía imposible.

Renuncia: Ella no veía nada que ellos pudieran hacer para completar la misión, ni nada que ella pudiera hacer para ayudarles, a pesar de ser una experta en World of Warcraft. "Habría sido bueno si Mary hubiese practicado con su tanque. Si ella no sabe qué hacer, seguiremos fracasando".

Desconfianza: Ella le hizo ofertas a Mary y a otros para ayudarles a ser más competentes en sus roles, pero aunque Mary dijo que sí, no sucedió nada.

Durante la conversación posterior que tuvimos, Jane dijo que estaba decepcionada al no haber podido completar la misión, y luego procedió a decir: "Quisiera que Mary hubiera tenido la oportunidad de practicar su tanque".

"¿Hiciste una oferta para entrenarla?", le pregunté.

"Sí".

"¿Y qué sucedió?"

"Ella dijo que sí, pero supongo que no pudo juntarse conmigo. Debe haber estado ocupada".

En ese momento le pregunté si se habían puesto de acuerdo sobre cuándo juntarse, y Jane respondió que no. Después de una discusión más profunda, ella comenzó a ver que un aspecto fundamental de una oferta es un plazo de tiempo específico para cumplirla, y la importancia de que ambas partes lleguen a un acuerdo sobre esto. La respuesta de Mary a la oferta de Jane –"Eso sería genial"– no era una promesa de juntarse con ella en un momento determinado. Era el equivalente de "Esa es una gran idea". Cuando Jane se dio cuenta de eso, vio que podía hacer algo para hacer una oferta más eficaz la próxima vez, y su estado de ánimo de resignación comenzó a cambiar. En lugar de quedarse resignada, Jane vio que podía actuar para ayudar al equipo a completar los objetivos del juego y decidió hacer otra oferta, pero esta vez le pidió a Mary que se pusieran de acuerdo en un momento específico. Ella y Mary se juntaron, y esta última comenzó a aprender cómo ejercer el rol de tanque para el equipo.

*Aprendiendo a negociar, incluyendo hacer contraofertas y decir "No"*
Para que se concrete una acción entre dos personas, una de ellas debe hacer una petición o una oferta para comenzar. Como vimos anteriormente, aunque estos movimientos parezcan simples, muchos de nosotros no nos sentimos cómodos haciéndolos, o los hacemos de una manera ineficaz, por lo que no conseguimos el resultado que deseamos.

Una vez que se hace una petición o una oferta, es necesaria una respuesta del oyente para mantener en movimiento el ciclo de coordinación. "Sólo podemos producir acciones conjuntas si tenemos un compromiso mutuo tanto del cliente como del ejecutante".[43] Después de hacer una petición o una oferta, puede darse un proceso de negociación. Las posibles respuestas incluyen una promesa de comprometerse después, una aceptación, una contraoferta, o un rechazo. Si no se realiza uno de estos movimientos, el ciclo de coordinación se rompe y puede interferir en la capacidad del equipo para colaborar. Durante el curso WEST, los participantes tienen muchas oportunidades de hacer ofertas y/o peticiones a los miembros de su equipo, y no es inusual que alguien no obtenga una respuesta. En lugar de una aceptación, simplemente son ignorados, llevando a la persona que hace la petición o la oferta a suponer cosas sobre ese silencio, y caer en estados de ánimo negativos que no le ayudan a colaborar con el resto del equipo. Por ejemplo:

- Desconfianza: "Hice una petición por correo electrónico, pero nadie respondió. Supongo que no están interesados en lo que estoy haciendo. No les importa".
- Resignación: "Hice una oferta, pero nadie respondió. He hecho muchas ofertas antes que creo hubiesen sido beneficiosas para nuestro grupo, pero parece que hacen oídos sordos. Nadie responde. No tiene sentido seguir intentándolo".
- Resentimiento: "Todos dicen que quieren tener éxito, pero cuando solicito una reunión para ver cómo estamos, nadie responde a mi petición. Seguimos corriendo por todos lados, cada uno haciendo lo suyo, sin hablar entre nosotros, y por eso vamos a fracasar. Cuando trato de hacer algo al respecto, me ignoran. Por culpa de ellos, todos vamos a fracasar".

Al tomar conciencia sobre sus estados de ánimo y a aprender a explorarlos, los participantes en el curso se vuelven muy conscientes de la importancia de responder a las ofertas y/o peticiones, incluso si no los aceptan. Se dan cuenta de que una vez que se hace una petición o una oferta, el balón está en la cancha del oyente, y éste debe responder. Ignorar a nuestros colegas podría llevar a un deterioro de la capacidad del equipo para trabajar juntos, ya que puede afectar negativamente sus estados de ánimo, así como la moral del equipo en su conjunto. Una respuesta, sin embargo, no siempre significa tener que decir sí.

---

43   Ver Flores, Conversaciones para la Acción y Ensayos Seleccionados, 8.

En nuestra experiencia, encontramos que muchas personas dicen que sí cuando realmente quieren decir no, o cuando realmente deberían hacer una contraoferta. Decir "sí" en situaciones donde sería más apropiado decir "no" o hacer contraofertas también puede dificultar la colaboración y el trabajo eficaz en equipo.

Si no decimos que no a una petición que no podemos cumplir, podríamos causar daño a una persona que está confiando en nosotros para entregar algo, y que ya no está buscando otra alternativa porque confía en que nosotros lo haremos. Si no decimos que no y tampoco hacemos una contraoferta a una petición que podemos cumplir, pero que pondrá en peligro otros compromisos, otras personas podrían estar decepcionadas y podríamos caer en un estado de ánimo de agobio. Si decimos que sí a una oferta que no consideramos valiosa, la persona que hizo la oferta puede acabar haciendo un montón de trabajo por algo que no es valorado. La desconfianza puede aumentar. "Yo cumplí mi promesa, pero mi trabajo no es reconocido. Quisiera que no me hubiesen dicho que sí. Perdí mi tiempo realizando un trabajo que nadie valora".

¿Por qué no decimos que no? ¿Por qué no hacemos contraofertas? En nuestra experiencia, a menudo la gente no se siente cómoda haciendo estos movimientos. Tienen el juicio de que decir no es inapropiado:

- Ellos creen que decir "no" puede ofender a alguien. Decir no es rechazar a alguien. No es bueno rechazar a la gente.
- Ellos piensan que si dicen que no, la gente pensará que no están comprometidos con el trabajo en equipo.
- Ellos piensan que si no dicen que sí, la gente los juzgará como no valiosos para el equipo o los acusarán de no querer trabajar en equipo.

En consecuencia, incluso cuando lo mejor tanto para ellos como para el equipo sería decir no o hacer una contraoferta, se sitúan en un estado de ánimo de resignación con respecto a su capacidad de hacerlo. Esos movimientos simplemente no están disponibles para ellos. Ellos sienten que su única opción es decir "sí". Aprender a hacer esos movimientos es una parte importante de aprender a coordinar nuestros compromisos y trabajar eficazmente en equipos.

## Caso N° 10: Aprendiendo a decir "no"

"No puedo decirle que no a mi grupo. Si digo que no, parecerá que no estoy comprometida con el trabajo en equipo".

*(De la desconfianza, la resignación y el agobio, hacia la confianza.)*

Beth, una consultora sénior para empresas tecnológicas, se inscribió en el curso WEST por recomendación de una amiga, y las dos decidieron participar en el mismo equipo. Ella no tenía ningún objetivo de aprendizaje en particular, pero esperaba aprender algo nuevo que pudiera ayudarla a trabajar más eficazmente, porque a menudo se sentía agotada y agobiada. Estaba muy ocupada, pero sentía que podía dedicar unas horas a la semana para jugar *World of Warcraft*, lo cual confirmamos que sería suficiente para participar adecuadamente en esta experiencia de aprendizaje.

Hacia el final del curso, pedimos a su equipo que adquiriera un caballo, lo cual significaba que algunos de los participantes tendrían que avanzar dos o tres niveles para poder llegar al nivel 20, el nivel que el juego requería para que un jugador pudiese obtener una montura. Beth y sus compañeros de equipo estaban en el nivel 18. Les ofrecimos asistencia a todos los que estuvieran del 18 hacia abajo, y les dimos la opción de que nos dejaran pasar de nivel a su avatar por ellos, para que no tuviesen que pasar más tiempo jugando. Los compañeros de equipo de Beth expresaron el deseo de pasar de nivel a sus avatares juntos, para que pudieran seguir practicando como equipo y aprender las nuevas capacidades de sus avatares, mientras alcanzaban niveles más altos. Beth no tenía tiempo para jugar con ellos, ya que se iba a Europa al día siguiente, y allá tendría importantes presentaciones que hacer a sus clientes. Le comunicó a su equipo que no podía reunirse con ellos en ninguno de los momentos que ellos proponían, pero accedió a pasar de nivel a su avatar por su propia cuenta. A pesar de todo lo que debía hacer, Beth no aceptó nuestra oferta de hacer ese trabajo por ella.

Así, partió de viaje, y la mañana después de su llegada, se levantó al amanecer para pasar un par de horas nivelándose para conseguir "el maldito caballo". Cuando ella me lo contó, un par de días más tarde, estaba molesta conmigo por decirle que tenía que pasar menos tiempo jugando de lo que realmente hizo. De cierta forma, sentía que yo la había engañado. Le pregunté por qué no había aceptado nuestra oferta de pasar de nivel a su avatar, porque si lo hubiera hecho, seguramente no habría tenido que pasar horas nivelando para conseguir el caballo. Le dije que estábamos conscientes del tiempo de la gente y éramos sinceros en nuestra oferta de hacer ese trabajo por ellos, para que no tuviesen que pasar más tiempo del necesario en el juego. Aceptar nuestra oferta, le dije, era una forma válida de cumplir con nuestros requisitos para el próximo ejercicio de equipo. "Mi equipo pensó que era importante que todos niveláramos nuestros avatares juntos", me dijo. Le indiqué que ella no tenía la posibilidad de hacer ese trabajo con ellos, y que por eso ella hizo la nivelación sola. "Bueno, ellos pensaron que era importante que continuáramos practicando con nuestros avatares para que pudiésemos aprender los nuevos poderes o hechizos que obtenemos cuando subimos de nivel. No podía decir que no, porque no quería ser la que pareciera no estar comprometida".

Al reflexionar, Beth reconoció que cuando habló sobre el caballo con su equipo, ella quería decir "no" a su petición de que ella misma pasara de nivel a su avatar para que pudiese seguir aprendiendo las capacidades de este. Su agenda estaba copada y no tenía tiempo para pasarlo de nivel ella misma. Sin embargo, no pudo decirles que no. Beth identificó dos estados de ánimo que se lo impidieron:

*Desconfianza*: Beth sentía que si ella decía que no, sus compañeros de equipo no hubiesen empatizado con todos los demás compromisos que ella tenía que cumplir esa semana, y que a pesar de su loca agenda de viajes y compromisos con sus clientes, ellos aun así creerían que ella no estaba comprometida con el equipo, si no hacía lo que todos ellos pensaban que era importante.

*Resignación*: Como el equipo pensaba que era importante que todos pasaran de nivel a su propio avatar, ella también tenía que hacerlo. No había nada más que pudiera hacer, de lo contrario pensarían que no estaba comprometida, y no quería que la juzgaran de esa manera.

Al explorar sus juicios, Beth empezó a ver que no estaban bien fundados.

Ella vio que podría haber aceptado nuestra oferta, y aun así ocuparse de la preocupación de los miembros de su equipo: que ella aprendiera los nuevos poderes y hechizos de su avatar. Ella no tenía que hacer la nivelación por su cuenta para aprender esos nuevos poderes y hechizos. Podría haber pedido que nuestro equipo trabajara con ella 15 a 20 minutos para enseñarle, y ella podría haber practicado con su avatar una vez que ya estuviese en un nivel superior.

También vio que al tratar de demostrar que estaba comprometida con su equipo, cayó en estados de ánimo de frustración y agobio. "Aunque sé que no debería haberme dado ese trabajo adicional la semana pasada, porque mi agenda estaba absolutamente llena, de todas formas terminé haciendo nuevas promesas y comprometiendo horas de mi tiempo que, en realidad, no tenía". Ella podría haber solicitado nuestra ayuda, pero no pensó que eso fuese apropiado para ella, dados los deseos de sus compañeros de equipo. Irónicamente, al intentar demostrar que estaba comprometida, se encontró con que no deseaba seguir participando con su equipo. Aunque había querido que el equipo confiara en ella, cayó en la desconfianza. Estaba ocupada, y si iban a requerir tanto de ella, entonces no podría hacerlo. De hecho, llegó a pensar en renunciar a su equipo y al curso.

Beth se dio cuenta de que, en ocasiones, es apropiado y necesario decir "no", y que eso no significa que uno no esté comprometido con su equipo. De hecho, a veces puede ser el mejor movimiento para construir la confianza, y mantener un equipo comprometido y participativo. Como resultado de esta experiencia, Beth dijo que ahora estaba más abierta a la posibilidad de decir "no" a las personas. Para aprender a decirlo más habitualmente, necesitaría práctica, porque no era cómodo para ella, pero al menos ahora veía los beneficios de estar dispuesta a aprender a hacerlo.

## DESARROLLANDO NUESTRA CAPACIDAD DE HACER, ESCUCHAR, Y EXPLORAR JUICIOS

*Una breve nota sobre los juicios*

Como ya hemos mencionado en las páginas anteriores, como seres humanos constantemente hacemos juicios y operamos con ellos. Es nuestra forma de evaluar lo que sucede a nuestro alrededor, y de determinar qué acciones tomar para lograr algo que nos importa. Por ejemplo, cuando trabajamos en un equipo, podríamos tener un juicio de que algo falta o está roto, y como resultado, podríamos hacer una oferta o petición a alguien para ocuparse de lo que creemos que falta o no funciona. Si tenemos el juicio de que los roles no están claros en nuestro equipo, esa es una oportunidad para hacer una petición para sostener una conversación para aclarar los roles, o para establecer otros nuevos, y así permitir que los miembros del equipo asuman renovadas responsabilidades y se coordinen de manera más eficaz. Si hacemos el juicio de que los distintos miembros del grupo tienen diferentes interpretaciones de la misión que deben enfrentar, es una oportunidad para explorar esas diversas interpretaciones y, juntos, declarar una tarea que sea compartida por todos los miembros del equipo. Si hacemos el juicio de que las personas tienen diferentes estándares para el desempeño, esto es una oportunidad para articular y declarar un nuevo estándar que todos se puedan comprometer a compartir. Esto suena bastante simple. Pero en la vida real, aunque hacemos juicios todo el tiempo, puede ser difícil tanto hacerlos públicos y dirigirlos directamente hacia otra persona, como ser capaces de escucharlos cuando son otros los que nos los dirigen. En ambas instancias, nos ponemos nerviosos, tenemos miedo y, físicamente, nos sentimos incómodos. Ante esto, no es de extrañar que no nos digamos lo que pensamos. Tenemos hábitos que nos impiden hacer juicios, y también los que nos impiden escucharlos.

Cuando se trata de participar en conversaciones donde podríamos explorar los juicios de los demás, es común que ocurra lo siguiente:

- Tenemos juicios, pero no los hacemos públicos, optando por mantenerlos en nuestro ámbito privado. Tenemos juicios que obstaculizan la realización de juicios. Por ejemplo, pensamos que no es cortés decir algo negativo. Creemos que no es apropiado decir algo que puede ser una crítica. Pensamos que los demás se ofenderán y, además, creemos que nuestros juicios tal vez ni siquiera son   importantes.

- No escuchamos los juicios de otras personas. En lugar de hacer preguntas sobre el juicio y lo que la persona quiere lograr al hacerlo, lo rechazamos o nos ponemos a la defensiva. Si es un juicio que interpretamos como positivo hacia nosotros, podemos descartarlo como si no tuviera importancia. Si es un juicio que interpretamos como una crítica, podemos sentir que nos están atacando. Ofrecemos excusas en lugar de hacer preguntas para explorar por qué la persona hizo ese juicio.
- Cerramos la conversación antes de que empiece.

Si no compartimos nuestros juicios, perdemos oportunidades de mejorar nuestro trabajo o inventar algo nuevo juntos; involuntariamente permitimos que los estados de ánimo de resignación y desconfianza se reproduzcan bajo la superficie, y disminuimos la capacidad de nuestro equipo de inventar nuevas formas de trabajar juntos para completar nuestra misión. Pero si somos capaces de desarrollar nuestra capacidad de hacer y escuchar juicios, encontramos que la naturaleza recíproca de dar y recibir evaluaciones crea intimidad, genera confianza y cambia el estado de ánimo de los grupos.

Para trabajar eficazmente con otros, es fundamental que construyamos nuestra capacidad de hacer y recibir juicios, y solo podemos construir esta capacidad a través de la práctica. Cuanto más practiquemos, menos atrapados estaremos en nuestros patrones históricos y ámbitos de ceguera. Cuanto más practiquemos, menos probabilidades tendremos de seguir siendo rehenes de los estados de ánimo improductivos. Cuanto más practiquemos, más oportunidades nuevas surgirán para diseñar nuestro futuro junto a otras personas, incluyendo aquellas que ven el mundo de manera muy distinta a como nosotros lo hacemos.

Al igual que con las peticiones y las ofertas, los juicios son presentados a los participantes del curso como una nueva distinción para coordinar la acción de manera eficaz. Esto no se debe a que no estén ya haciendo juicios en sus vidas reales, sino porque hemos descubierto que, a la mayoría de nosotros, no nos enseñaron a participar en estas conversaciones de forma productiva, es decir, de una manera que nos abra posibilidades para nuevas acciones en vez de cerrarlas. Al aprender a escuchar los juicios y a explorarlos con nuestros compañeros de equipo, es posible que tengamos que desaprender los hábitos que no nos permiten escuchar. Por ejemplo, podríamos tener que deshacernos del juicio automático de que estamos siendo atacados cuando recibimos algo que creemos que es una crítica a nuestro desempeño, lo que nos lleva a caer en un estado de ánimo defensivo, desde el cual no es posible escuchar.

Los elementos fundamentales de un juicio son:

1. Hablante
2. Oyente
3. Llegar a un veredicto
4. Puede ser fundado o infundado. Existe o no existe evidencia que lo apoya. No es un hecho. Nunca es verdadero o falso.
5. Para fundamentarlo:
    a. ¿Con qué objetivo estás realizando este juicio? ¿Qué área de preocupación estás enfrentando? ¿Qué te gustaría que pasara en el futuro?
    b. Hipótesis de recurrencia. ¿Existe un patrón de hechos que lo apoye?
    c. Estándares sobre los cuales se basa tu veredicto.

Una vez más, estos elementos parecen fáciles de entender y aplicar, pero en realidad, requieren práctica y reflexión. Tenemos que empezar a incorporar estos factores y desarrollar la capacidad de hacer y recibir juicios, con el fin de inventar nuevas acciones que queremos tomar juntos. Durante el curso WEST, las personas se dan cuenta de que:

- A menudo las personas no explicitan los juicios que tienen; es decir, no hay hablante. Por ejemplo, una persona podría encontrarse frustrada acerca de una situación. Podría tener el juicio de que algo debería estar sucediendo pero no está pasando, o que el equipo está haciendo algo que no debe hacer. Pero aunque esa persona tenga esos juicios, no los comparte con su equipo. En consecuencia, el equipo se ve privado de una conversación que podría haberlo llevado a tomar nuevas acciones que hubiesen sido útiles.

- Para que los juicios sean efectivos, deben dirigirse a un oyente, pero a menudo no hay nadie en esa posición. Más bien, las personas suelen realizar juicios generales. *Sería bueno si todos entendiéramos nuestros roles. Sería bueno si estuviésemos preparados.* Pero si no participamos en conversaciones directas con la gente, es improbable que asumamos compromisos para encargarnos de las preocupaciones que están detrás de nuestros juicios. En el curso, los miembros del equipo deben llegar a ser competentes en sus roles para poder cumplir la misión. Si alguien no sabe cómo desempeñar su rol, o no está haciendo algo que alguien piensa que debería ser capaz de hacer, es importante que otros miembros del equipo hagan un juicio para que puedan ponerse de acuerdo sobre qué acciones es posible tomar. Por ejemplo, un compañero de equipo podría pedir que la persona reciba capacitación, y esta persona podría prometer capacitarse. Si los juicios no se realizan directamente, es poco probable que se produzca una acción efectiva.

- Otras veces, las personas enuncian una serie de hechos, pero no hacen un juicio: "Rose llegó tarde. Dos de nosotros no habíamos leído la tarea. Bob no estaba al nivel requerido". En este ejemplo, la persona realmente tuvo los siguientes juicios, pero no los compartió: "Como equipo, no estamos comprometidos con el cumplimiento de la misión. Si Rose llega tarde, eso nos da menos tiempo para realizar nuestra misión asignada. No leer la tarea antes de nuestra reunión nos obligó a gastar tiempo poniéndonos al día, y eso nos dejó menos tiempo para completar la misión. Ya que Bob no estaba al nivel requerido, nos hizo gastar varios minutos haciendo algo que era necesario para que pudiésemos completar la misión, y una vez más, eso nos dejó con menos tiempo. Si no nos comprometemos a solucionar estos problemas, vamos a tener el mismo resultado la próxima vez. Creo que es importante que tengamos éxito en las misiones que nos asignan". Al hacer este tipo de juicio, la persona puede proceder a tomar acciones, como hacer una petición a Rose para que la próxima vez llegue a la hora, o una petición al equipo para que todos lean la tarea antes de la reunión, o una oferta para ayudar al equipo a prepararse, enviando un recordatorio de los niveles requeridos antes de las reuniones de equipo, y así sucesivamente.

Durante el curso, los participantes tienen muchas oportunidades de compartir juicios entre sí, de darse cuenta cuando faltan algunos de los elementos de un juicio, y de explorar juntos sus evaluaciones. Durante las primeras semanas, tratamos a los participantes en el curso como principiantes que están aprendiendo a hacer y explorar juicios, presentándoles los elementos fundamentales de este acto de habla. Incluso, les damos un guion para que practiquen las conversaciones entre sí. Aunque se trata de un procedimiento un tanto mecánico, nuestro foco está en recordarles por qué estas conversaciones son importantes, y en animarles a hacer juicios y explorarlos juntos para ver qué sucede. A medida que avanza el curso, ya no utilizan una pauta, pero continúan practicando cada semana juntos. En cada ejercicio de equipo, comparten sus juicios sobre lo que funcionó y lo que no, qué tan bien sienten que lo hicieron, qué tan bien lo hicieron sus compañeros de equipo, y así sucesivamente. Las conversaciones son un poco incómodas al principio, y tenemos que empujarlos para que hagan juicios y para que se hagan preguntas sobre éstos, pero al final del curso, los participantes hacen muchas evaluaciones que conducen a algo útil, ya sea para un miembro específico del equipo, o para el equipo entero. En esta etapa, los participantes están menos centrados en asegurarse de cubrir todos los elementos de un juicio, y más orientados a apoyarse mutuamente para producir los resultados que desean generar juntos. Una importante contribución del juego a su aprendizaje sobre cómo hacer y escuchar juicios es que pueden ver cómo las evaluaciones que hacen, y las acciones que se comprometen a realizar después, ayudan a producir mejores resultados, lo que refuerza su aprendizaje. "¡Eso funcionó! ¡Déjame intentarlo de nuevo!" Los participantes comienzan a experimentar los juicios no como ataques personales, sino como conversaciones que abren un espacio de exploración donde pueden aprender sobre sus preocupaciones mutuas, y ver qué acciones pueden tomar para abordarlas, de ser necesario.

## Caso N° 11: Aprendiendo a escuchar los juicios como una oportunidad para la acción, no como una crítica

"No eres buena navegante".

*Avergonzada*: "Lo sé. Lo siento".

*(De la confusión, la vergüenza y la frustración a la autoconfianza y la confianza en el equipo.)*

Sue, una consultora que nunca antes había jugado videojuegos, constantemente se estaba perdiendo en el escenario de WOW. Ella estaba un poco avergonzada, pues, sin importar cuánto tratara de mantenerse cerca de los avatares de sus compañeros en el juego, a menudo se perdía y el equipo gastaba entre cinco y diez minutos tratando de encontrarla. Sus esfuerzos por encontrarla se hacían más difíciles porque Sue tendía a no avisarles cuando estaba perdida. En vez de levantar la voz, sufría en silencio mientras trataba desesperadamente de descubrir por su cuenta cómo regresar al lugar donde se encontraba el equipo. Cuando les hablaba, su voz delataba su frustración. Ella no quería perderse, pero era habitual que lo hiciera, por más que se esforzara por mantenerse junto al equipo. Ella sentía que resolver sus problemas por su cuenta era algo que debía poder hacer –después de todo, sus demás compañeros siempre permanecían juntos– pero no conseguía. Sue se sentía culpable porque pensaba que estaba atrasando al equipo, y pensaba que si solamente fuese mejor para seguir las instrucciones, no lo haría. Esta no era una experiencia agradable para ella, y la llevaba a preguntarse por qué se había inscrito en WEST. Cuando comenzamos la parte del curso donde animamos a los miembros del equipo a hacer juicios directos entre ellos, uno de sus compañeros de equipo le dijo: "Sue, no eres buena con las instrucciones y eso hace que el resto del equipo pierda demasiado tiempo buscándote". Cuando escuchó por primera vez este juicio de su compañero de equipo, Sue se sintió avergonzada y, simplemente, estuvo de acuerdo con él. "Tienes razón. No soy buena con las instrucciones. Esto es muy frustrante para mí".

Pero, con un poco de apoyo de nuestra parte, ella siguió explorando el juicio:

"¿Por qué ves el hecho de que yo me pierda como desperdiciar el tiempo del equipo?"

"Tenemos un tiempo limitado para completar nuestras misiones y normalmente tenemos que tomarnos al menos 10 minutos para encontrarte para que podamos completar nuestras tareas juntos".

"¿Tiene alguna recomendación para mí?"

"Podrías aprender a leer el mapa en el juego y preguntarnos cómo llegar donde vamos. Puedo mostrarte cómo usar el mapa".

"¡OK, gracias! Acepto, pero en la vida real, no soy tan buena con los mapas y me temo que seguiré atrasando al equipo".

"Bueno, ¿por qué no te quedas cerca mío en el juego? Yo te vigilaré. Si no me ves, dímelo enseguida".

"Bueno".

Entonces otro miembro del equipo intervino:

"Sabes, hay una función en el juego que te permite seguir a alguien automáticamente. Déjame mostrarte cómo puedes seguir a Rob".

"¡Estupendo! ¡Gracias!"

"Y voy a viajar detrás de ustedes en caso de que algo pase. Yo también te vigilaré y me aseguraré de que permanezcamos juntos como equipo".

"Gracias".

A partir de esta conversación, el equipo adoptó una nueva práctica para viajar que les permitió llegar a sus destinos más rápido. Por lo tanto, lo que Sue había escuchado originalmente como un juicio sobre ella, se convirtió en una conversación sobre lo que el equipo podía hacer para viajar más rápido, dadas las habilidades de navegación actuales de Sue. Como resultado, hicieron ofertas y peticiones, e implementaron una nueva práctica como grupo. Después de este ejercicio, Sue reflexionó sobre su estado de ánimo y declaró que tenía mucha más confianza en la capacidad de su equipo para tener éxito en el futuro, y que sentía confianza hacia sus compañeros y sus deseos de ayudarla.

## Caso N° 12: Abriendo nuevas posibilidades con los clientes al aprender a explorar las quejas como juicios

"Voy más allá para mis clientes. Hago más de lo que nuestro contrato requiere de mí. Aun así, todavía se quejan. Trato de evitar a mis clientes.

*(De la actitud defensiva y la desconfianza, a la confianza y la colaboración.)*

Jim, propietario de una empresa de gestión de bienes raíces comerciales, observó que se sentía muy incómodo recibiendo juicios de sus compañeros de equipo durante el curso. A pesar de que los juicios que recibió tenían que ver con la forma en que dirigió al equipo durante un ejercicio en *World of Warcraft*, notó que no estaba cómodo y que, en lugar de hacerles más preguntas sobre los juicios a sus compañeros, como habíamos animado a los participantes a hacer para ver si podían encontrar acciones que pudieran tomar juntos en el futuro, Jim cayó en un estado de ánimo defensivo. Además de estar en desacuerdo con los juicios de su compañero de equipo, también sintió que este lo estaba atacando, y que tenía que defenderse del ataque. Al dar un paso hacia atrás y explorar esa evaluación, Jim pudo ver que su compañero no tenía la intención de atacarlo y que, simplemente, estaba señalando que se sentía perdido en ciertos momentos durante el liderazgo de Jim y que, en el futuro, encontraría útil si Jim chequeaba un poco más con él, para asegurarse de que sabía lo que estaban haciendo y cuál era su rol. Una vez que se pusieron de acuerdo en eso, una simple práctica de preguntarle, "¿tienes alguna pregunta o estás listo para jugar?" hacía una gran diferencia para ese compañero de equipo.

Jim encontraba que los ejercicios con su equipo eran interesantes y se sorprendió por el nivel de confianza que parecían haber cultivado en poco tiempo, pero se mostraba escéptico sobre la posibilidad de participar en este tipo de conversaciones con sus clientes en la vida real. Cuando, más tarde, exploré este asunto con él, me dijo: "En el juego podemos construir confianza porque ustedes están aquí, y todos estamos aprendiendo juntos, pero en la vida real es diferente. Odio cuando mis clientes me llaman con quejas sobre el trabajo que mi empresa realiza por ellos. Yo trabajo mucho, hago todo lo que se requiere contractualmente, y aún más, pero, de todas maneras, me llaman para quejarse. Me encuentro a la defensiva, y aunque les demuestro que estoy haciendo todo lo que el contrato requiere, aun así no son felices. ¡Prefiero ni hablar con ellos!"

En la conversación, sin embargo, Jim vio que las quejas de sus clientes eran simplemente juicios y no ataques personales, y que si aprendía a explorarlos, podía aprender mucho sobre las preocupaciones de sus clientes y, quizás, podía hacerles nuevas ofertas para encargarse de esas preocupaciones. Él vio que las conversaciones eran una oportunidad para construir confianza con sus clientes, y no algo que debía evitar. Comenzó a practicar entender las quejas como juicios de sus clientes y descubrió que eso le daba mejores resultados. Pasó de temer esas conversaciones a esperarlas con ansias, y quedó muy contento cuando un cliente que él antes encontraba complicado le dijo que estaba haciendo un excelente trabajo, y que esperaba continuar trabajando con él.

**Caso N° 13: Haciendo nuevas ofertas como resultado de aprender a explorar los juicios**
"Pasamos del peor mes del año en ventas al mejor mes del año dentro de semanas".

*(De la actitud defensiva y la desconfianza, a la perplejidad y la determinación.)*

Marco, vicepresidente de ventas de una empresa de artículos para el hogar, se inscribió en el curso WEST porque estaba seguro que las habilidades en las que nos concentramos eran relevantes tanto para él como para los equipos que coordina; especialmente, la habilidad de escuchar. Él compartió con nosotros que algunas de las personas que supervisa no siempre lo escuchan y que, a menudo, quieren hacer las cosas a su manera, a pesar de lo que él quiere que hagan. "Escuchar es muy importante", dijo, "pero a veces, no sé cómo conseguir que un colega me escuche a mí".

Después de unas cinco semanas en el curso, durante un ejercicio de equipo en *World of Warcraft* en que Marco fue designado como líder, vivió una situación con algunos de sus compañeros de equipo muy similar a lo que había estado experimentando en la vida real. Como líder, Marco pasó un tiempo preparándose antes del ejercicio: leyó cuidadosamente la misión; completó la mayor parte de este con un avatar de práctica; e ideó una estrategia que quería ejecutar con el grupo. Cuando se reunieron para hacer el ejercicio como equipo, Marco les dio las instrucciones, incluyendo el camino que debían tomar para llegar a uno de sus destinos. En ese momento, uno de sus compañeros, Sean, dijo que no pensaba que esa fuera la mejor ruta. "Creo que deberíamos bajar al río y caminar por la orilla hasta llegar a nuestro destino. Es más seguro". En un tono ligeramente irritado, Marco dijo: "Bien. Si quieres ir por ese camino, podemos hacerlo".

Después del ejercicio, durante la sesión de reflexiones, Marco dijo: "Es interesante para mí lo difícil que es para la gente aceptar que otra persona es el líder y que deben escucharla". Cuando le pidieron que se explicara, Marco dijo "el equipo determinó que yo sería el líder esta semana. Investigué durante bastante tiempo este ejercicio y lo preparé bien. Generé una estrategia que quería implementar pero, aun así, Sean quiso hacer algo diferente. No aceptó mi liderazgo".

"¿Por qué tienes el juicio de que él no aceptó tu liderazgo?", le pregunté.

"Bueno, él no quería ir en la dirección que les pedí que fuéramos, y sugirió un camino diferente", dijo.

"No estoy segura si eso es cuestionar tu liderazgo. Él tenía un juicio diferente al tuyo sobre qué camino tomar. Él tenía el juicio de que caminar por el río en esta parte del juego era más seguro, porque hay menos enemigos generados por computadora allí. Creía que el camino que les pediste tomar era menos seguro, porque los expondría a más enemigos generados por computadora, y serían atacados más a menudo", le dije. "¿Eso es cuestionar tu liderazgo o es simplemente compartir un juicio con el objetivo de ayudar al equipo a llegar a su destino de manera más segura?" Escuchando la conversación, Sean comentó que su intención era lo último. Dijo que hubiese estado bien si Marco no aceptaba su recomendación.

Reflexionando sobre este problema, y sobre la experiencia en general, Marco vio que había caído en un estado de ánimo defensivo que le impedía escuchar y explorar los juicios de sus compañeros de equipo. Estaba en un estado de ánimo de desconfianza hacia Sean, y supuso que este tampoco confiaba en él, ya que estaba contradiciendo sus órdenes. Pensó que Sean no lo escuchaba y que socavaba su liderazgo. También vio que su estado de ánimo defensivo y desconfiado no le permitía permanecer abierto a escuchar a Sean y a hacerle preguntas sobre sus juicios, incluyendo preguntas como "¿por qué crees que es más seguro bajar al río?" o "¿por qué crees que el camino que te estoy pidiendo que tomes es más peligroso?" Al explorar el juicio, se dio cuenta de que Sean, que parecía saber un poco más sobre la dinámica del juego, podía enseñarles más sobre el juego a él y al resto del equipo, y que como líder, Marco podía decidir si adoptaba o rechazaba sus recomendaciones. Si, por alguna otra razón, todavía quería ir por la ruta que él había propuesto, posiblemente para dar al equipo la oportunidad de practicar juntos una batalla, podía responder esgrimiendo esa razón. Como resultado de esta conversación, Marco también vio de qué manera cultivar un estado de ánimo de perplejidad sobre los juicios de otras personas podía ayudarlo a: hacer más preguntas sobre los juicios de los demás que pudiesen llevar a nuevas acciones que él no había contemplado antes; y mejorar su propia capacidad de escuchar, ayudándolo a salir de un estado de ánimo defensivo que no era propicio para hacer preguntas.

Días después del ejercicio, Marco seguía reflexionando sobre la frecuencia con que él confundía los juicios con afirmaciones, y dejaba de explorarlos. Uno que le resultaba particularmente desconcertante era un juicio en el trabajo de que él y todos los demás en su empresa habían tomado por sentado durante muchos años: "diciembre es el peor mes para las ventas". Por esa razón, los vendedores no hacían muchos esfuerzos por vender nada durante ese período. Marco, que ahora era el vicepresidente de ventas de la empresa, estaba de acuerdo en que ese mes había sido malo para las ventas durante muchos años, pero se preguntaba si eso debía seguir siendo así. "Vendemos artículos para el hogar. Uno podría pensar que la gente querría comprar estos artículos durante las vacaciones como regalos, o para usarlos ellos mismos". Se dio cuenta de que la afirmación de que "diciembre es un mal mes para las ventas" era solo un juicio que habían tratado como una afirmación, como un hecho, que los ponía en un estado de ánimo de resignación al respecto. No tenía sentido hacer nada diferente para aumentar las ventas en diciembre, porque era un mal mes para las ventas. Marco no entendía por qué diciembre debía ser un mes malo, y al considerar que esto era un juicio, decidió explorar las acciones que él y la empresa podían tomar para mejorar las ventas en esa etapa del año.

Habló con los vendedores y les preguntó sobre lo que impedía a la gente comprar en diciembre, y habló con su director financiero para ver qué ofertas podían hacer para ayudar a los clientes con un flujo de efectivo limitado. Trabajando estrechamente con él y con el gerente general, hicieron nuevas ofertas a potenciales clientes. Como resultado, ese diciembre no solo fue el mejor diciembre de todos los tiempos, sino que también fue el mejor mes de todo ese año.

Caso N° 14: Aprendiendo a escuchar y a explorar los juicios
"No, no podemos".

"Sí podemos".

*(De la resignación, la impaciencia, la arrogancia y la desconfianza, a la determinación de explorar los juicios con el fin de aprender y ayudar al equipo a trabajar juntos de manera más eficaz.)*

Larry, un profesor de ingeniería, y José, un programador de software, fueron asignados a un equipo que también incluía a un oficial de la armada estadounidense, un ejecutivo de una organización sin fines de lucro, y un profesor universitario de liderazgo. Como una de sus tareas, les pedimos que completaran una misión, y les recomendamos una ruta. Sin que la mayoría del equipo lo supiera, el camino que sugerimos —que en nuestra opinión era la mejor que podían tomar— estaba interrumpida y, probablemente, requeriría que saltasen, algo que muchos de ellos no habían hecho antes. Esto produjo la siguiente comedia de errores:

- José se designó a sí mismo como jefe del equipo para esta parte de la misión.
- El equipo llegó al punto donde el camino estaba interrumpido y tuvieron que encontrar una forma de pasar al otro lado. Si hubieran

saltado, lo habrían logrado, pero cuatro de los cinco miembros del equipo no sabían que saltar era una posibilidad.

* Larry, que había tomado este curso una vez antes, sabía que saltar era posible. Había completado este ejercicio antes con un equipo anterior.
* Cindy, uno de los miembros de su equipo, cayó del lado equivocado del muro y su avatar rápidamente fue atacado y murió. José le dijo que volviera, y después de esforzarse por hacerlo sola por un rato, pudo llegar de vuelta de alguna forma, pero de inmediato cometió el mismo error. José le dijo "Salta a la derecha", y una frustrada Cindy dijo: "Si supiera cómo, lo haría". Cindy se cayó y, una vez, más luchó por regresar al equipo por su cuenta.

Mientras tanto, el resto del equipo intentaba averiguar qué hacer. ¿Debían saltar? ¿Debían buscar una ruta alternativa?

Larry: "Creo que tenemos que saltar aquí".

José: "No podemos saltar".

Larry: "Creo que sí podemos saltar en este lugar".

José (con un tono de impaciencia e irritación): "No podemos saltar aquí. Tenemos que regresar al lugar desde el que partimos y seguir por la otra ruta".

Larry: "Está bien, pero creo que sí se puede".

José: "Odio saltar. Dejé de jugar videojuegos porque odio saltar. No podemos saltar. Vámonos".

Sin darse cuenta de que Larry había "caído accidentalmente" un par de veces en la dirección en la que se suponía que debían ir, y que no había muerto de inmediato,[44] el equipo siguió el liderazgo de José, dejando a Cindy indefensa, y acordando reencontrarse con ella después, cuando pudiese encontrar al equipo por su cuenta. Perdieron mucho tiempo, se separaron unos de otros, tomaron la ruta más larga hacia su destino, y recibieron mu-

---

44 Su avatar murió poco después, pues estaba solo en territorio enemigo, y fue atacado por enemigos generados por el juego, de niveles más altos, ante los cuales él no pudo defenderse por sí solo.

chos ataques de criaturas de niveles superiores, los que no hubieran tenido que soportar si hubieran ido por la ruta que les recomendamos tomar. Al final, no completaron la misión asignada.

¿Por qué la misión se desarrolló de esta manera? Principalmente porque:

1.  José confundió juicios con afirmaciones.
2.  José no exploró el juicio de Larry.
3.  Larry, simplemente, cayó en un estado de ánimo de resignación sobre su capacidad de ser escuchado por sus compañeros de equipo, y se rindió.

Durante las reflexiones, José confesó: "Estoy frustrado. Quería completar la misión, pero nuestro equipo se separó. Todo el mundo tiene diferentes habilidades, y nosotros perdimos tiempo discutiendo cosas que no era necesario discutir. No deberíamos haber perdido el tiempo debatir si debíamos saltar o no, porque yo sabía que no era posible".

"¿Estás seguro?", le pregunté.

"Sí", dijo. "Lo he intentado con un avatar alternativo antes, y he muerto un montón de veces".

"¿Es posible que no sepas cómo saltar, y tal vez puedas aprender?", le pregunté.

"Definitivamente, no sé cómo saltar", respondió.

"¿Notaste que Larry seguía diciendo que pensaba que ustedes tenían que saltar y que, de hecho, podían hacerlo?"

José: "Pero estaba bastante seguro de que yo no podía".

Yo: "Sí, pero eso es un juicio basado en tu experiencia. No es un hecho. Hasta ahora, no habías podido saltar y pensaste que no era posible. Larry, como tal vez recuerdes, está realizando por segunda vez este curso, y lo más probable es que haya hecho este ejercicio antes. Tal vez tendría sentido hacer una pausa y preguntarle por qué piensa que podían saltar, para ver si hay algo nuevo que puedas aprender. Larry, ¿sabes si es posible saltar aquí?"

Larry: "Sí. Se puede saltar. Lo he hecho antes. De hecho, hice exactamente este mismo ejercicio hace algún tiempo. Y cuando dije que podíamos saltar, lo estaba diciendo desde el suelo mientras caía accidentalmente, y mi avatar sobrevivió a la caída".

Yo: "¿Por qué no dijiste eso, Larry?"

Larry: ·No lo sé. Creo que caí en un estado de ánimo de resignación. José seguía insistiendo que no podía hacerse, y pensé que tal vez el equipo no podía saltar aquí, y decidí seguir lo que José estaba diciendo en ese momento. Parecía impaciente y preparado para irse, así que me rendí. Estoy frustrado conmigo mismo".

*Aprendizaje para José:*
José confundió un juicio con una afirmación. José afirmó con absoluta certeza que no era posible saltar, cuando en realidad la situación era que él no sabía saltar, y que no sabía qué podía hacerse de manera diferente en ese momento. Si hubiese estado dispuesto a escuchar los juicios de Larry, José habría aprendido que, de hecho, sí se podían saltar.

Dos estados de ánimo impidieron que José escuchara el juicio de Larry en ese momento:

*Arrogancia*: José pensó que sabía todo lo que se podía saber sobre esa situación. Su juicio era correcto o, es más, lo tomaba como un hecho, por lo que no era importante para él escuchar a Larry, porque obviamente estaba equivocado. Recordando la primera parte de este libro, el estado de ánimo de arrogancia es a menudo un obstáculo en el camino hacia el aprendizaje. Y, por lo tanto, no es de extrañar que también perjudique nuestra capacidad para escuchar.

*Impaciencia*: Él tenía el juicio de que la conversación sobre si se podía o no se podía saltar era algo irrelevante, porque él ya sabía que no podía hacerse, y que solo necesitaban avanzar y no hablar sobre eso. Preguntarle a Larry por qué pensaba que podían saltar le parecía una pérdida de tiempo, ya que estaba convencido de que él tenía razón.

Esta experiencia, junto con la reflexión posterior, hicieron que José se diera cuenta de la importancia de distinguir un juicio –una evaluación automática de la situación, basada en nuestra experiencia– de una afirmación, una declaración sobre los hechos. José entendió que, aunque su declaración de que no podían saltar era solo un juicio basado en su experiencia con los saltos, él la había tratado como si fuese un hecho y, al hacer eso, no estaba dispuesto a escuchar ni explorar el juicio de Larry. Simplemente pensó que Larry estaba equivocado. Vio que si se hubiera tomado el tiempo de explorar el juicio de su compañero, el equipo se habría beneficiado de varias maneras: hubiesen aprendido a saltar, no se habrían dispersado, y hubiesen completado con éxito la misión en el tiempo asignado. Reflexionando después sobre su vida real, José observó que, comúnmente, cae en estados de ánimo de impaciencia y arrogancia. Así, se preguntó cuántas oportunidades podría estar perdiendo al no escuchar otros juicios y al tratar sus propios juicios como si fuesen hechos. Para desarrollar más su capacidad de escuchar, comenzó a practicar a:

1.  Diferenciar entre juicios y afirmaciones.

2.  Detenerse para observar y reflexionar sobre los estados de ánimo en los que se encontraba, y prestar especial atención cuando se encontraba en estados de impaciencia o arrogancia, pues era capaz de ver cómo estos estados de ánimo afectaban negativamente su capacidad de escuchar.

3.  Cultivar un estado de ánimo de paciencia, haciendo más pausas para explorar los juicios de otras personas, incluso si no está de acuerdo con ellas.

### Aprendizaje para Larry

La semana anterior a este ejercicio, Larry tuvo un juicio que no compartió con el equipo, y si lo hubiera hecho, el equipo probablemente hubiera tenido mucho más éxito. Como resultado de esa tarea, Larry estaba decidido a contribuir al éxito del equipo y a articular cualquier juicio que considerara importante. Su momento llegó cuando llegaron a la parte del camino que estaba interrumpida.

Ya que estaba haciendo este curso por segunda vez, y antes había realizado el mismo ejercicio con otro equipo, sabía que el salto realmente era posible y que podían sobrevivir, y su juicio era que el equipo debía saltar. Le dijo a su equipo un par de veces que podían y debían saltar, pero no escucharon. Cuando José lo contradijo y le dijo al equipo que avanzaran por otro camino, Larry se rindió.

Durante la sesión de reflexiones, Larry dijo que estaba frustrado y resignado. En particular, se sentía frustrado porque quería contribuir al equipo, pero no pudo hacerlo. Estaba seguro de que si su equipo hubiera escuchado su juicio, habrían logrado un mejor resultado. Se sentía resignado sobre su poca capacidad de hacer juicios de manera efectiva:

"Entiendo que los juicios son importantes, pero al parecer no puedo hacerlos de una manera que genere el resultado que deseo producir. La semana pasada no hice un juicio. Por esa razón, no tuvimos éxito como equipo. Estaba decidido a practicar mis juicios esta semana, y lo hice, pero los miembros de mi equipo no me escucharon".

Él comenzaba a pensar que ésta era una distinción importante en teoría, pero que no producía muchos resultados para él en la vida real.

Larry estaba en un estado de ánimo de resignación y pensaba que no había nada que hubiese podido hacer para que los miembros de su equipo escucharan su evaluación. Sin embargo, cuando exploramos juntos los problemas relacionados con los juicios, como por qué los hacemos y cuáles son sus elementos básicos, Larry comenzó a ver que podría haber compartido más con su equipo, y que eso podría haberles ayudado a ver por qué estaba haciendo ese juicio y qué quería lograr con eso. No era suficiente decirles: "Puedes y debes saltar", especialmente si otra persona tenía una interpretación diferente. Él comprendió que podría haber proporcionado más evidencia para fundamentar su evaluación, y que eso habría permitido que el equipo viera por qué él pensaba que debían saltar. En este caso, vio que podría haber dicho algo así como:

"Creo que deberíamos saltar. He hecho este ejercicio antes y sé que se puede. Además, hoy caí accidentalmente y sobreviví a la caída. Por esto, estoy seguro de que podemos saltar. Además, creo que debemos hacerlo porque es el camino recomendado, y sé que en la otra ruta hay enemigos que están en un nivel muy superior al nuestro".

Los miembros de su equipo, incluido José, estuvieron de acuerdo en que si Larry hubiese compartido su juicio de esa manera, lo hubieran escuchado y habrían seguido su consejo. En consecuencia, Larry sintió la ambición de aprender a hacer juicios de manera más eficaz, y decidió seguir practicando. Atrás quedó aquel estado de ánimo de resignación en que había caído.

## APRENDIENDO A CONSTRUIR CONFIANZA: TRANSFORMANDO LA DESCONFIANZA EN CONFIANZA

### Una breve nota sobre la confianza

Al igual que otros estados de ánimo, generalmente experimentamos la confianza como una actitud sin matices respecto a una persona. O confiamos o no lo hacemos. Pero como hemos mencionado anteriormente, esta predisposición automática es un estado de ánimo que está conectada con varios juicios relacionados:[45]

- Sinceridad: el juicio de que una persona es sincera en sus compromisos. No hace promesas que no tiene la intención de cumplir. No tiene una agenda secreta. No hace promesas inconsistentes con lo que está pensando.
- Competencia: el juicio de que una persona es competente para cumplir su promesa. Una persona puede ser sincera y bien intencionada, pero no es competente para realizar lo que se requiere.
- Confiabilidad: el juicio de que una persona es capaz de cumplir sus promesas en forma oportuna. Un proveedor de servicios, por ejemplo, se considera confiable cuando cumple regularmente sus promesas y gestiona sus compromisos para cuidar a sus clientes.

---

[45] Para quienes quieran profundizar en este tema, ver Flores, Fernando. *Conversaciones para la Acción y Ensayos Seleccionados*, Capítulo 8. Para una lectura más extensa, ver también: Solomon, Robert and Flores, Fernando *Building Trust in Business, Politics, Relationships, and Life* (New York: Oxford UP, 2001).

- Compromiso/cuidado: el juicio de que una persona nos respeta, se preocupa por escuchar nuestras preocupaciones, está comprometida con nuestro bienestar y quiere mantener su una relación con nosotros.

Cada vez que nos hacen una promesa, hacemos un juicio de confianza o desconfianza, y viceversa. Incluso si no hacemos juicios explícitos sobre estas promesas, estos aparecen en otros estados de ánimo relacionados, que pueden afectar negativamente nuestra capacidad de trabajar en equipo. Por ejemplo:

- La desconfianza en la sinceridad de la persona puede aparecer como ansiedad. "Estoy preocupado por nuestra capacidad de tener éxito. Ella prometió prepararse mejor para el ejercicio de esta semana, pero ya que no lo ha hecho en el pasado, ¿por qué debería creerle ahora?" O bien, "él prometió hacer algo, pero no he oído hablar de él hace rato. No creo que tenga la intención de cumplir su promesa".
- La desconfianza en la competencia de la persona puede aparecer como resignación. "Él nunca ha hecho un buen trabajo en esta área y supongo que seguirá trabajando mal. Por lo tanto, es poco probable que tengamos éxito en nuestro proyecto a menos que yo mismo haga su trabajo". O bien, en WEST, alguien podría decir algo así como: "el sanador en nuestro equipo de *World of Warcraft* no es muy eficaz para curar a más de un jugador; no es posible que podamos completar el calabozo".
- La desconfianza en el compromiso de una persona con el equipo puede aparecer como resignación o resentimiento. "Realmente quiero tener éxito y lograr nuestros objetivos, pero ella no hace absolutamente ningún esfuerzo por aprender su rol. Ella solo hace lo mínimo. Simplemente no le importa, y por su culpa vamos a fracasar. No hay nada que yo pueda hacer al respecto".

Los juicios infundados sobre la confianza pueden abrir la posibilidad de grandes problemas, incluyendo el fracaso de un proyecto y la desintegración de un equipo. Es poco probable que las personas que desconfían automáticamente de todas las promesas, sin importar quién las hizo, alguna vez puedan ser socios de alguien—no harán peticiones, y/o sofocarán a una persona que les hizo la promesa con constantes peticiones, inspecciones, solicitudes de informes sobre la situación, etc., cerrando así las posibilidades para ambos. Por otro lado, las personas que aceptan todas las promesas que les hacen pueden sentirse decepcionadas regularmente, ya que confían en personas con las cuales no se puede contar.

Al trabajar con otros, muchos nos situamos en algún punto intermedio y, en algún momento u otro, nos encontramos en un estado de ánimo de desconfianza. Nuestros equipos incluyen a personas de diferentes orígenes culturales –lo que en el mundo de hoy es inevitable, incluso cuando nuestros equipos están constituidos solo por personas de nuestros propios países– y diferentes procedencias profesionales. Tenemos interpretaciones contradictorias y diferentes prioridades. Tenemos distintos estándares para lo que consideramos apropiado o para lo que pensamos que alguien debería hacer. Y a pesar de nuestro deseo de construir nuestras relaciones basadas en la confianza, esta se pierde, y caemos en otros estados de ánimo que no son favorables para nuestros objetivos, como la resignación, el resentimiento, la ansiedad, la impaciencia y la frustración. A pesar de nuestras metas, y del deseo inicial de trabajar juntos, nuestra voluntad de seguir colaborando comienza a decaer.

Pero si estamos comprometidos a trabajar en equipo y apoyarnos mutuamente para alcanzar nuestros objetivos, momentos como estos son los que, precisamente, nos ofrecen la oportunidad de aprender a construir confianza, y también a aprender de personas que nos pueden mostrar cosas que podríamos no ver por nosotros mismos. La gente de culturas diferentes percibirá las cosas de manera diferente. Norman Doidge afirma que "los orientales perciben las cosas de manera holística, viendo los objetos en términos de su relación entre sí o en un contexto, mientras que los occidentales los perciben analítica y aisladamente; los orientales utilizan un lente de gran angular (…) Sin embargo, el hecho de que las culturas tengan percepciones diferentes no es una prueba de que todos los actos de percepción sean igualmente válidos, ni que todo sea relativo cuando se trata de la percepción. Es evidente que algunos contextos requieren una perspectiva más estrecha, y otros requieren una holística, más amplia".[46] En otro ámbito,

---

46    Id., 303. Doidge, The Brain That Changes Itself, 302

podemos apreciar que el enfoque de resultados medibles que utiliza un ingeniero puede ser apropiado para evaluar el éxito de una iniciativa, pero la insistencia de su colega de marketing de que también se preste atención al estado de ánimo de sus clientes también puede ser importante si desean retenerlos. Si somos capaces de respetar nuestras diferencias y nos comprometemos a crear confianza entre nosotros, es mucho más probable que tengamos éxito como equipo.

Podemos elegir no perder el foco de la construcción de confianza, cuando el estado de ánimo de la desconfianza nos conmina a renunciar. Así como podemos esforzarnos por aprender a navegar los estados de ánimo que nos alejan de nuestros objetivos de aprendizaje, podemos aprender a construir confianza explorando los juicios que pueden estar provocando el estado de ánimo contrario. Es importante señalar que la construcción de confianza requiere que exploremos la desconfianza en que nos encontramos, no para hacer un juicio moral sobre otros miembros de nuestro equipo, sino más bien para diseñar las acciones que necesitamos tomar para construir la confianza y asegurar el éxito de nuestro equipo. Por ejemplo, si no confiamos en que un miembro de nuestro grupo es competente para cumplir con su rol, ¿qué acciones podemos tomar para ayudarlo a mejorar, y/o qué acciones podemos tomar para llenar el vacío que su falta de competencia puede producir en el equipo? A medida que exploramos juntos nuestros juicios, y descubrimos y aclaramos nuestros estándares si es necesario, podemos comprometernos con nuevas acciones que nos permitan ponernos de acuerdo, seguir colaborando para alcanzar nuestros objetivos, y sentirnos seguros entre nosotros, a pesar de nuestras diferencias.

La confianza es un aspecto crucial del trabajo en equipo, y por eso se debe evaluar constantemente. Aquí hay otros dos ejemplos que enfatizan cómo los participantes desarrollaron su capacidad de construir confianza mutua durante una de las versiones de nuestro curso.

## CASO N° 15: APRENDIENDO A COLABORAR Y A CONSTRUIR CONFIANZA

"¡Nunca trabajaría con alguien así!"

*(De la desconfianza al compromiso de crear confianza.)*

En uno de nuestros cursos, Tim, un gerente de fábrica de la costa este de EEUU, fue asignado a un equipo de cinco personas que incluía a David, un ejecutivo de software de Silicon Valley. Poco después de comenzar nuestras sesiones, se hizo evidente que David y Tim no se llevaban bien. David tendía a ser impaciente con Tim durante los ejercicios del equipo. Se molestaba, sobre todo cuando durante el juego Tim se iba explorar por su cuenta, sin decirle al equipo. Por su parte, Tim pensaba que David era muy estricto y carecía de flexibilidad para cambiar de rumbo, sobre todo si iba en contra de lo pensaba que debía hacerse. En las conversaciones privadas con nosotros, ambos confesaron que en la vida real, ninguno jamás querría trabajar con el otro. "Sencillamente nunca me vincularía profesionalmente con alguien así", dijo Daniel. Por esto, ambos estaban resignados a la posibilidad de aprender a colaborar juntos.

Después de un par de semanas en el curso, surgió una situación interesante.

El equipo acordó reunirse un lunes a las 4:30 de la tarde para completar el ejercicio de esa semana. Inesperadamente, esa mañana Tim fue invitado a asistir a una breve reunión en el centro de la ciudad donde se realizaba el curso (Manhattan), la cual tendría lugar a las 2:30, lo que ponía en duda su capacidad de unirse al equipo a tiempo. Tim envió un correo electrónico al equipo, diciéndoles que le habían pedido que asistiera a una reunión de última hora, pero que esperaba poder llegar a tiempo para el ejercicio. Como el trabajo de Tim estaba un poco lejos del centro, y era hora punta, no fue para nada sorprendente que no pudiese llegar a las 4:30. El resto del equipo sí lo hizo, esperaron unos 30 minutos hasta que decidieron cancelar la reunión. David estaba molesto y más convencido que nunca de que no podía trabajar con Tim. "Qué idiota. No se puede confiar en él para cumplir con sus promesas". El equipo se desconectó del juego en línea, pero en menos de cinco minutos, mientras los miembros del equipo que facilitábamos el curso todavía estábamos en línea, Tim se conectó, y casi sin aliento, nos preguntó dónde estaban todos. Se había apurado para atravesar todo el tráfico de la hora punta y, literalmente, había corrido hasta su oficina para ponerse en línea y unirse al equipo. Se sorprendió mucho cuando descubrió que habían cancelado la reunión después de esperar media hora.

Poco después, David envió a Tim un correo electrónico muy molesto, copiándolo para el resto del equipo y los facilitadores del curso. Acusó a Tim de desperdiciar el tiempo de todos, y de no ser un hombre de palabra. Le dijo que como resultado de no cumplir su promesa al equipo, todos habían perdido tiempo que podrían haber invertido en otros asuntos. Para reparar el daño que había causado, David le dijo a Tim que le correspondía coordinarse con el equipo y averiguar cuándo todos podían reunirse de nuevo. Tim estaba absolutamente sorprendido. "¿Cómo se atreve a acusarme de no ser un hombre de palabra?", me dijo. "Les dije que había surgido algo inesperado, pero que aun así esperaba poder llegar. Me metí al taco, me apuré, y corrí de regreso para reunirme con ellos. Hice todo lo que pude". David dijo que Tim no era de fiar y que no se podía confiar en él. Tim pensó que David era un idiota que no se preocupaba por nadie más que por sí mismo. Y aunque participaban en el curso para aprender, entre otras cosas, a colaborar más eficazmente en equipo, la posibilidad de que ellos *quisieran* colaborar juntos era bastante pequeña. En otras palabras, aunque en teoría querían aprender a colaborar más eficazmente, en realidad no estaban dispuestos a colaborar entre sí. Su animosidad y desconfianza eran mutuas, y ambas estaban obstaculizando su posibilidad de aprender a colaborar.

Cuando comenzamos a explorar su falta de confianza, ambos comenzaron a ver los juicios y los estándares que estaban obstaculizando la colaboración.

David vio que su juicio sobre la incompetencia de Tim en esta situación se basaba en su estándar de que "uno debe cumplir sus promesas en todo momento". Cuando exploró esto, entendió que no siempre podemos cumplir nuestras promesas. A veces surgen cosas que no esperamos, como la inesperada reunión de Tim en Manhattan. Esto no significa que las promesas no sean importantes, pero si no podemos cumplirlas, de todas maneras podemos trabajar juntos para resolver las consecuencias de no cumplirlas. En este caso, Tim podría haber pedido que se re-agendara la reunión o que continuaran sin él. Pero David vio que él también podría haber tomado acciones para cuidar a Tim y a todo el equipo. Él reconoció que cuando leyó el correo electrónico, sospechaba que Tim no llegaría a la reunión, pero no dijo nada. Al no hacerlo, David pudo ver que también era responsable de la pérdida de tiempo que sufrieron aquella tarde. Al no actuar, David también se dio cuenta que  había esperado a que Tim no cumpliera su promesa, para poder tener más pruebas de que no era alguien con quien podría trabajar en la vida real.

Tras reflexionar, Tim también descubrió que su estándar para la coordinación con la gente cuando surgían circunstancias inesperadas era insuficiente, y que podía ajustarlo para cuidar mejor a su equipo. Se dio cuenta de que simplemente darle información a la gente no les decía qué hacer. Tim le comunicó a su equipo que algo inesperado había surgido, y que esperaba llegar de todas formas, pero no les dijo qué hacer si no llegaba a tiempo. ¿Debían esperarlo? ¿Debían proceder sin él? ¿Debían re-agendar? Tim vio que, en el futuro, informar al equipo que algo ha surgido y hacer una petición u oferta sobre cómo proceder, sería mejor para cuidar al equipo, y evitar la falta de coordinación y la desconfianza que se produjo ese día.

Después de reflexionar sobre esta situación, el equipo decidió tomar medidas que les ayudarían a trabajar más eficazmente en el futuro y evitar este tipo de resultado. Al explorar su desconfianza mutua y los juicios que la gatillaron, resolvieron no permanecer en ese estado de ánimo, y comenzaron a tomar acciones para colaborar juntos. Estuvieron de acuerdo en que querían aprender a trabajar juntos más eficazmente y comenzaron a declarar estándares para el equipo, incluyendo qué acciones tomarían si alguien llegaba tarde a una reunión o necesitaba faltar. Después de unas semanas de trabajar juntos, Tim y David estaban mucho más dispuestos a trabajar juntos. Aunque no necesitan colaborar en la vida real, ambos terminaron el curso con una nueva comprensión de las acciones que podían tomar para construir confianza con sus equipos en la vida real, para que cuando aparezca la desconfianza, no necesariamente sucumban a ella ni abandonen la posibilidad de colaborar de manera eficaz.

Caso N° 16: Aprendiendo a construir confianza alejándose de la desconfianza

"Deja de sofocarme con tus ofertas de ayuda".

(*De la desconfianza a la confianza.*)

Amy, una capacitadora y entrenadora que estaba tomando el curso por segunda vez, y Sarah, una ejecutiva de una organización sin fines de lucro, fueron asignadas a un equipo con otras tres personas, y para sorpresa de Amy, rápidamente encontraron que no les gustaba trabajar juntos. Las reuniones semanales del equipo "no eran divertidas" y Amy estaba considerando la idea de abandonar el equipo. "Estoy muy ocupada y no quiero perder el tiempo haciendo algo que no estoy disfrutando. Nunca he tenido que trabajar con alguien como Sarah".

Todo explotó después de una de las reuniones de equipo semanales. En ese ejercicio en particular, el equipo tuvo que viajar mucho (virtualmente, por supuesto) a un nuevo sector en el juego, uno que Amy ya conocía. Mientras el equipo viajaba, Sarah se quedó atrás, y Amy pidió al equipo que se detuviera para esperarla. "¿Estás bien, Sarah?", preguntó. "¿Necesitas ayuda?" Sarah no respondió. Después de unos minutos, Amy preguntó a Sarah de nuevo, "¿puedo ayudarte?" Y Sarah respondió que estaba bien. El equipo siguió adelante, pero de vez en cuando, Amy decía cosas como "¿Estás bien, Sarah?" o "¿cómo te va, Sarah?" Finalmente, Sarah se cansó de las preguntas de Amy, y respondió fuerte y firmemente: "Si necesito tu ayuda, la pediré. ¡Deja de preguntarme si necesito ayuda! ¡No me gusta eso para nada!" Amy se quedó en silencio y no pronunció otra palabra durante el resto del ejercicio de equipo en el juego.

Al conversar después sobre el ejercicio, Amy y Sarah exploraron sus juicios mutuos y pudieron ver que habían caído en un estado de ánimo de desconfianza.[47]

---

47　Este intercambio fue reconstruido a partir de mis notas. No es una transcripción literal de la conversación.

Sarah a Amy: "No me gustó que me supervisaras tanto. Seguías preguntándome si necesitaba ayuda, como si yo no pudiera resolver las cosas sola. Me sentí "micro-gestionada". Me trataste como si no pudieras confiar en mí. No me gusta trabajar con personas que no confían en mí y sienten la necesidad de monitorearme".

Amy a Sarah: "Me sorprendió tu reacción y no pensé que fuera apropiada en absoluto. Me pareció que fue grosero. Yo solo trataba de ayudarte. Yo agradezco cuando la gente me ofrece ayuda, y otras personas me han dicho antes que agradecen que me preocupe de ellos y que les pregunto para saber cómo están. No estaba tratando de "micro gestionarte". Simplemente, estaba ofreciéndote ayuda por si la requerías. Me hiciste sentir que hice algo malo, cuando no lo hice".

Continuamos explorando sus juicios juntos.

Sarah: "Me sentí sofocada por Amy. Sus constantes ofertas de ayuda estaban basadas en su juicio de que no soy lo suficientemente competente como para encontrar mi propio camino. Ella me está ofreciendo ayuda, pero ella no está cuidando mi identidad con el equipo. No quiero ser percibida como incompetente, sobre todo porque sé que puedo hacer esto por mi cuenta."

Amy: "Creo que Sarah está cuestionando mis motivos para ofrecerle ayuda. No me gusta que ella cuestione mis motivos y me acuse de hacer algo malo. Simplemente, quería ayudarla. No tengo una intención secreta de hacerla parecer incompetente ante los miembros del equipo."

Sarah reflexionó sobre sus juicios acerca de la oferta de Amy para ayudarle, y se dio cuenta de que tal vez estaba malinterpretando los motivos de su compañera. "Supuse que ella me estaba ofreciendo ayuda porque pensaba que yo era incompetente y no podía entender las cosas por mi cuenta, y que ella seguía ofreciéndome ayuda porque quería verse bien y para que yo me viera mal. Ahora veo que ella simplemente estaba ofreciéndola porque quería colaborar. Ella no tenía una intención secreta". Sarah también vio que tenía el estándar de que debía ser competente en todo momento, y que si alguien le ofrecía su ayuda, suponía que la estaban evaluando como incompetente, y eso la llevaba a ponerse a la defensiva. Se daba cuenta de que con ese estándar, nadie podría ofrecerle jamás apoyo, y si lo hacían, ella nunca se permitiría aceptarla, y terminaría siempre haciendo las cosas por su cuenta, privándose de uno de los beneficios claves de ser parte de un equipo.

Amy también reflexionó sobre sus juicios. "Yo supongo que la gente siempre quiere ayuda y que estarán agradecidos si se las doy. Ahora veo que tal vez no siempre necesiten apoyo, o tal vez no lo quieran, y es importante estar conscientes de eso. De lo contrario, estaré haciendo ofertas que creo que la gente va a valorar, pero más bien solo se molestarán conmigo. Y a su vez, yo me molestaré con ellos".

Al explorar el estado de ánimo de desconfianza en que se encontraban, Sarah y Amy se dieron cuenta de que si iban a formar parte de un equipo exitoso, tendrían que construir confianza. Resolvieron hacerlo, y comenzaron a explorar nuevas prácticas para trabajar juntas. Sarah declaró que, en el futuro, no cuestionaría los motivos de Amy cuando ésta le ofreciera ayuda, porque ahora veía que Amy no tenía una intención secreta de hacerla quedar mal. Supondría que Amy era sincera en sus intenciones de ayudar. Por su parte, Amy declaró que estaría atenta a no ofrecer constantemente su ayuda a Sarah, y le pidió a ella que, de necesitarlo, no dudara en pedírsela. También dijo que si ella veía que Sarah requería su apoyo, de todas maneras le iba a ofrecer colaboración, pero que aceptaría si Sarah rechazaba su oferta. Trataría de no sentirse ofendida si Sarah le decía "no necesito ayuda", como lo hizo durante el ejercicio. Como resultado de esa conversación, Sarah, Amy y los demás miembros del equipo recordaron estas declaraciones al coordinarse, y disfrutaron mucho más su trabajo conjunto.

## APRENDIENDO A CONSTRUIR ELEMENTOS DE FORTALEZA EMOCIONAL:

### Cultivando la autoconfianza al enfrentarse a la incertidumbre

Al aprender una nueva habilidad, nos encontraremos ante muchas situaciones donde no sabremos cómo hacer algo, ya sea como principiante o en algún nivel más alto de la escala de aprendizaje. Asimismo, cuando nos enfrentemos a nuevas circunstancias –equipos nuevos, proyectos nuevos, mercados nuevos, nuevos clientes, tecnologías emergentes– podremos esperar encontrar muchos momentos de incertidumbre, donde no sabremos exactamente qué hacer pero donde deberemos actuar y aprender mientras avanzamos. Sin embargo, aunque podamos entender esto en teoría, muchos de nosotros no aceptamos lo nuevo y desconocido como una oportunidad para aprender, para crecer e inventar cosas nuevas junto a otras personas. En lugar de alegrarnos porque lo desconocido puede abrir nuevas oportunidades para nosotros, caemos en estados de ánimo negativos que cierran estas oportunidades, algunos de los que ya hemos descrito:

- Ansiedad: No sé qué hacer aquí. Tengo que tomar una decisión sobre alguna dirección en la que debo comprometerme, y no tengo idea de cuál es la dirección correcta. Temo que mi decisión nos llevará al fracaso. Podría cometer errores y los errores son malos. Quizás no pueda recuperarme de ellos. Es mejor renunciar. Es mejor no actuar porque el fracaso es peor que, simplemente, no intentarlo.
- Confusión: No sé qué está pasando aquí. No sé qué hacer. No saber qué hacer es algo malo. No me gusta estar en esta situación. Necesito salir de aquí.
- Frustración: Debería saber qué hacer, pero no lo sé.
- Resignación: No sé qué hacer y nunca voy a saber qué hacer.
- Inseguridad: No sé qué hacer. No puedo hacer esto. Otros son más inteligentes que yo y probablemente tienen una mejor idea de lo que hay que hacer.

Si nos encontramos en estos estados de ánimo, estaremos menos dispuestos a relacionarnos con lo desconocido, y menos dispuestos a correr riesgos con tal de aprender. Al trabajar con la gente en el curso WEST durante los últimos seis años, hemos visto equipos que se paralizaban ante la incertidumbre, y otros que se irritaban con nosotros por no decirles "exactamente" qué hacer y cómo hacerlo. Ellos sentían que su falta de conocimiento llevaba a su fracaso, y como nosotros teníamos el conocimiento que necesitaban, la culpa de sus fracasos era nuestra. En su búsqueda de la certeza, no lograban tomar decisiones, experimentar ni aprender de sus errores, y eventualmente se les acababa el tiempo. A pesar de que los ejercicios de *World of Warcraft* en WEST no tienen nada que ver con la vida real, los estados de ánimo que muchos participantes muestran al enfrentarse a lo desconocido sí son reales, las mismas predisposiciones anímicas que muestran al enfrentarse a circunstancias similares, fuera del curso. En el caso concreto de las experiencias diseñadas en el curso, aunque no sería gran cosa que ellos tomen riesgos y aprendan de sus errores, ya que sus avatares pueden volver a la vida rápidamente, muchos de ellos no lo hacen, repitiendo automáticamente las predisposiciones que aparecen en sus vidas reales. En lugar de aceptar lo desconocido como una nueva aventura por conquistar, simplemente se quedan congelados.

En un mundo donde la incertidumbre y los cambios acelerados son la norma, es importante aprender a afrontar este tipo de condiciones. Hacerlo requiere que aprendamos a navegar para salir de los estados de ánimo mencionados anteriormente, y a cultivar otros alternativos, como la ambición, la determinación y la autoconfianza. Al desarrollar estas habilidades, podremos cultivar las disposiciones emocionales que nos permitirán comprometernos y abrirnos a lo desconocido como una oportunidad, no como algo que debemos temer y evitar. ¿Cómo podemos hacer esto? Una vez más, el proceso esbozado en la sección 3 es de gran utilidad, y lo recuerdo nuevamente:

1. *Reflexiona sobre tu objetivo de aprendizaje.* ¿Por qué deseas aprender a cultivar la autoconfianza frente a la incertidumbre, por ejemplo? Si aspiras a ser un ejecutivo, tal vez descubras que a menudo estarás en situaciones donde no tendrás todas las respuestas, pero aun así tendrás que actuar. La gente esperará que hagas declaraciones sobre qué hacer, y no hacerlo no es aceptable para un ejecutivo. Congelarse al enfrentar algo desconocido no es un comportamiento

que querrás continuar. Al reflexionar sobre esto, podrías empezar a ser más ambicioso acerca de cómo aprender a enfrentar la incertidumbre de manera más efectiva, para poder ser un ejecutivo eficaz en cualquier organización.

2. *Identifica y explora los estados de ánimo improductivos en los cuales te encuentras.* Si estás en estados de ánimo de ansiedad e inseguridad, por ejemplo, ¿cuáles son los juicios que están operando debajo de la superficie que podrían estar causando este ánimo? ¿Cuáles son los estándares subyacentes a estos juicios? Por ejemplo, podrías tener el juicio de que es malo no saber exactamente qué hacer antes de tiempo, y que es malo cometer errores. Tal vez también pienses que siempre debes ser competente y siempre debes tener la respuesta correcta, y que la gente te juzgará negativamente si no es así. ¿Cuáles son las experiencias pasadas que dieron origen a estos estándares? ¿Están bien fundamentados estos juicios? ¿Son propicios para que crezca tu confianza al enfrentar la incertidumbre? Si estás en una situación donde te enfrentas a la incertidumbre, ¿es razonable exigir certezas absolutas antes de actuar? ¿Acaso es posible la certeza absoluta? Si gastas todo tu tiempo preparándote para actuar, e intentando anticipar todo lo que puede suceder o lo que puede salir mal, ¿tendrás la oportunidad de actuar en realidad?

3. *Identifica los estados de ánimo más propicios para alcanzar tus objetivos de aprendizaje.* En este ejemplo, la confianza y la serenidad son los estados de ánimo que serían más propicios para aprender a enfrentar la incertidumbre.

4. *Especula qué acciones podrías tomar para salir de los estados de ánimo improductivos y cultivar los más productivos.* Para desarrollar la confianza, tal vez puedas recordar situaciones en las que has tenido éxito en el pasado, o en las que fuiste capaz de aprender. ¿Cómo lo hiciste? Si pudiste hacer preguntas, debes haberte rodeado de personas que te apoyaron. ¿Puedes hacerlo otra vez? ¿A quién puedes pedir ayuda? ¿Hay miembros de tu equipo que hayan ejecutado proyectos exitosos en el pasado, a pesar de una gran cantidad de obstáculos que no anticipaban? ¿Cuáles son las fortalezas de tu equipo? ¿Hay personas a las que puedes pedirles consejos? ¿Hay

acciones que puedes tomar que te permitirán aprender rápidamente de los errores y tomar medidas correctivas cuando sea necesario? Tal vez puedes declarar algunos pequeños proyectos piloto en territorio desconocido para explorar rápidamente nuevas oportunidades de una manera cautelosa, y para aprender a cultivar un estado de ánimo de autoconfianza. Al explorar las posibles acciones a tomar, podrías comenzar a ver nuevas oportunidades para la acción..

5. *Toma acción.* Una vez más, para aprender es necesario que actúes. Arriésgate a hacer cosas nuevas, a cometer errores, y a tomar acciones para recuperarte y aprender de ellos. Cuanto más lo hagas, más confiado estarás frente a la incertidumbre, y menos probable será que te quedes atrapado en estados de ánimo que te impidan reaccionar al enfrentarte a lo desconocido.

### Caso N° 17: Aprendiendo a correr riesgos y experimentar al enfrentarse a la incertidumbre

"No podemos saltar a menos que estemos absolutamente seguros de que podemos hacerlo de manera exitosa".

*(De la ansiedad frente a lo desconocido a la autoconfianza al enfrentar la incertidumbre.)*

Al trabajar nuevamente con un equipo de cinco integrantes, compuesto por personas de diferentes geografías, historias y profesiones, encontramos una situación donde los miembros del grupo descubrieron lo extremadamente reacios que eran al riesgo, y cómo su miedo a cometer errores los llevaba a no actuar.

En uno de sus últimos ejercicios juntos, le dimos al equipo una misión sorpresa, justo unos minutos antes de su reunión: iban a viajar a un destino situado en territorio desconocido. A estas alturas, el equipo ya había aprendido algunas reglas que les ayudaban a estar "seguros" en el juego, incluyendo la regla de que generalmente es mejor permanecer en los caminos para minimizar las probabilidades de ser atacados por osos, tigres, ogros, y otras criaturas peligrosas que deambulan por el camino. En este caso, sin embargo, esta regla no sería demasiado útil para ellos, porque en la versión nueva y actualizada del juego, el camino estaba interrumpido y la única manera de cruzar era saltando de un acantilado a otro, mientras montaban sus caballos. Si saltaban, sabíamos que llegarían al otro lado, o caerían al río más abajo, donde podrían nadar hasta el otro lado. Era muy improbable que sus avatares murieran. Pero no les dijimos lo que sabíamos, tenían que averiguar cómo completar la misión por su cuenta.

Cuando llegaron al corte en el camino y vieron que estaban parados en un acantilado sobre un río que pasaba abajo, se paralizaron. Una persona dijo: "Esto no puede estar bien. No hay camino aquí". Otra comentó: "No me siento cómodo saltando hacia el otro lado. No sé cómo hacer eso. No podemos saltar aquí". Y un tercer miembro del equipo expresó: "Sabemos que los caminos son seguros y que es mejor viajar por ellos. Vayamos a buscar otro". Aunque no podían encontrar ninguna ruta nueva en el mapa, buscaron durante los próximos 20 minutos un sendero que no existía. Finalmente, se encontraron una vez más parados en el acantilado sobre el río, preguntándose qué debían hacer.

Uno de ellos sugirió tímidamente que sería mejor saltar, pero todos dudaron porque no estaban seguros de que lograran hacerlo. Curiosamente, antes de este ejercicio, este equipo había trabajado juntos cinco o seis veces, y todos sabían bastantes cosas que podrían haber influido en sus acciones aquí, cosas que parecieron olvidar al estar parados al borde del acantilado; sabían cómo resucitar sus avatares si se morían, sabían nadar, y sabían leer un mapa en el juego. A pesar de este conocimiento, pasaron un tercio del tiempo asignado para esta tarea buscando un camino que el mapa claramente no mostraba, y vacilaron en saltar, por temor a morir al caer al agua. Finalmente, uno de ellos se fijó en otro jugador dentro del juego –hay millones de personas que juegan *World of Warcraft* en todo el mundo– que los pasó galopando en su caballo, y saltó con éxito. En realidad, otros dos jugadores ya lo habían hecho antes, pero el equipo no se había dado cuenta, porque estaban muy concentrados en tratar de descubrir una forma conocida y probada de llegar a su destino. Cuando les quedaban solo unos pocos de los 90 minutos que duraba el ejercicio, se decidieron a saltar, lo que hicieron con gran nerviosismo. Uno a uno fueron cruzando. Una pareja saltó con éxito; otra cayó al agua, pero lograron nadar hasta la otra orilla, encontrando rápidamente cómo salir del agua y reunirse con el resto del equipo. Uno cayó al agua y se desorientó, y terminó saliéndose en el mismo lugar donde había saltado. Al darse cuenta de esto, lo intentó de nuevo hasta que logró cruzar.

Todos estaban eufóricos. Aunque no llegaron al destino asignado antes de que se les acabara el tiempo, después de correr en círculos por más de una hora, finalmente habían conseguido llegar al otro lado del camino, y habían aprendido a hacer algo nuevo. Aprendieron que, a diferencia de la vida real, en este juego podían saltar de un lado a otro de un acantilado, y descubrieron que no había problema en caer al río, porque siempre podrían salir. Por supuesto, podríamos haberles dicho esto al principio del ejercicio, pero no lo hicimos, y posteriormente cayeron en estados de ánimo de confusión y ansiedad. Al reflexionar sobre el ejercicio, descubrieron dos juicios que tenían sobre la situación que les impedían probar algo nuevo y llegar a su destino. Tenían los juicios de que era importante estar siempre seguros antes de actuar, y que era malo cometer errores.

Su temor al fracaso y su incomodidad ante la incertidumbre les cerraban la posibilidad de asumir riesgos, de experimentar y de inventar una estrategia exitosa de acción cuando se encontraban en una situación nueva donde la regla que conocían –permanecer en el camino– ya no era aplicable. Tras reflexionar, dijeron sentirse ansiosos porque no sabían qué hacer y porque tenían miedo de actuar y equivocarse. Lograron ver que su falta de certeza los paralizó temporalmente y les hizo tomar mucho más tiempo del necesario para, finalmente, cruzar.

Como resultado de este ejercicio, resolvieron explorar cómo cultivar la confianza en sus equipos y en sí mismos cuando se enfrentaban a circunstancias nuevas o cambiantes. En este caso, vieron que podrían haber reducido su ansiedad y haber construido confianza más pronto, simplemente recordando que tenían experiencia nadando y resucitando a sus avatares, y que, por lo tanto, caer al río no era realmente un gran problema. Se alegraron al descubrir que otro equipo había experimentado la misma parálisis, pero que a diferencia de ellos, no lograron saltar antes de que se les agotara el tiempo asignado para el ejercicio. Por el contrario, pasaron todo el tiempo buscando otro camino. Uno de ellos dijo: "Al menos no somos el equipo con *mayor* aversión al riesgo del curso". No lo fueron, pero estuvieron cerca. Otros equipos, que generalmente tenían la misma experiencia en el juego que este equipo, no dudaron en saltar, y llegaron exitosamente al destino asignado dentro del plazo asignado. La principal diferencia entre este equipo y los que tuvieron éxito fue su disposición emocional hacia lo desconocido. Cuando estaban parados sobre el acantilado, el estado de ánimo general de los equipos exitosos era la confianza, tanto en su capacidad de recuperarse rápidamente si sus avatares morían, como en su capacidad para trabajar juntos y ayudarse mutuamente, si uno de ellos se perdía o no sabía qué hacer. A menudo los miembros de estos equipos decían cosas como "recuerden llamar si están perdidos o si los atacan. ¡Vamos a divertirnos! ¡Vamos!" En otras palabras, pueden suceder cosas malas, pero si algo sucede, trabajaremos juntos para superarlo.

### Caso N° 18: Aprendiendo a cultivar la autoconfianza y la serenidad al enfrentarse a lo desconocido

"Cuanto más conocimiento tengo, más control poseo. Trato de anticiparme a todo y gasto mucho tiempo preparándome. Pero estoy todo el tiempo aguantando la respiración y temiendo haberme perdido algo".

*(De la ansiedad y el agobio a la confianza.)*

Joshua, un consultor informático, era miembro de un equipo que tendía a pasar mucho tiempo preparándose para sus misiones de equipo semanales en *World of Warcraft*. Joshua propuso –lo que la mayoría del equipo aceptó con entusiasmo– que crearan avatares alternativos de "práctica" para ejecutar las misiones asignadas semanalmente, antes de reunirse con un miembro de nuestro personal para completar la tarea con sus avatares del curso.[48] Tan pronto como publicamos las tareas, Joshua leía lo que pedíamos hacer a cada equipo, e investigaba un poco en internet para prepararse a sí mismo y a su equipo. Entonces, el grupo se reunía, y a menudo permanecían en línea hasta que completaban la misión asignada, incluso si tardaban más tiempo del que les dábamos para esa tarea específica. Después, se reunían con un miembro de nuestro equipo para completar la tarea con sus avatares del curso.

Como era de esperar, cuando el equipo se reunió con nosotros, terminaron los ejercicios en tiempo récord, sin mucha conversación. Joshua había ayudado a sus compañeros a prepararse, y durante el ejercicio simplemente les recordaba lo que debían hacer. Las sesiones de reflexión transcurrían sin novedades. Al principio, estaban contentos con su éxito, pero después de la segunda y tercera vez, comenzaron a aburrirse un poco, y se preguntaban qué estaban aprendiendo.

"¿Qué les gustaría aprender?", les pregunté.

"A coordinarnos mejor, a tener más autoconfianza al enfrentarnos a situaciones nuevas. Por eso me inscribí en este curso. Es excelente que practiquemos mucho, y que Joshua nos ayude a prepararnos tan bien, pero en la vida real, no tengo un Joshua. No tengo a nadie que me diga qué hacer". Carmen, la persona que no había estado contenta con las prácticas adicionales que habían acordado como equipo, respondió: "mi trabajo implica mucha incertidumbre. Estoy estresada la mayor parte del tiempo, y si puedo aprender algo que me ayude con eso, sería feliz".

"La forma en que yo enfrento la incertidumbre", dijo Joshua "es tratar de anticiparlo todo. Cuanto más conocimiento tenga, mayor control siento que poseo".

"¿Puedes anticipar todo lo que posiblemente pueda surgir en tus proyec-

---

48   La otra integrante del equipo, Carmen, vicepresidenta de un banco, también aceptó, pero más tarde reconoció que no estaba contenta porque realmente no tenía tiempo para dedicar horas de trabajo adicionales al curso, horas que nuestro equipo les pedía considerar. Sin embargo, no dijo nada, lo que terminó generándole buenas reflexiones sobre por qué no se sentía cómoda diciendo que "no" o haciendo una contraoferta. A igual que Beth en el estudio de caso anterior, Carmen resolvió comenzar a practicar estos movimientos conversacionales en el futuro.

tos?", le pregunté.

"Lo intento. Paso muchas horas preocupándome por todo. Trabajo horas muy largas tratando de asegurar que nada vaya a salir mal. Entonces, aguanto la respiración y cruzo los dedos. Estoy totalmente agobiado hasta que el proyecto concluye", respondió Joshua. "Estoy tan estresado que, muchas veces, me encuentro soñando despierto sobre renunciar para irme a vivir en la naturaleza".

Después de hablar sobre esto un poco más, todos pudieron ver que durante el curso, y en sus vidas reales, regularmente caían en estados de ánimo donde se sentían agobiados y ansiosos, los que eran gatillados por los siguientes tipos de juicios:

*Agobio*: Hay tanto que hacer y tanto que podría salir mal. No hay nada que yo pueda hacer excepto trabajar más duro, tratar de anticipar todo lo que pueda pasar o lo que podría salir mal. Pero, como es probable que se me escape algo, temo que aun así no podamos tener éxito, a pesar de todos mis esfuerzos.

*Ansiedad*: No sabemos lo que estamos haciendo. No tenemos idea cómo jugar este juego y completar las misiones que nos dan. A menos que realmente nos preparemos, que planifiquemos todo lo que hagamos cuidadosamente, que practiquemos completando las misiones por nuestra cuenta antes de tiempo, vamos a fracasar. Fracasar es algo malo.

Al darse cuenta de los estados de ánimo en que se encontraban, decidieron que mejor querían aprender a cultivar estados de ánimo de autoconfianza y serenidad respecto a su trabajo.[49] Ellos querían tener menos miedo a lo desconocido, y más confianza en su capacidad de afrontar esas situaciones y lograr el éxito. Les recomendamos que practicaran menos como equipo entre sus sesiones semanales, y que no completaran las misiones de equipo que les dábamos antes de tiempo con sus avatares de práctica. Estuvieron

---

49  Ver la sección 3 para otros ejemplos de juicios que producen estos estados de ánimo. En esta situación particular, la autoconfianza podría significar confiar en la capacidad del equipo de trabajar juntos, aprender entre todos y hacer los ajustes necesarios. Aquí, la serenidad podría significar aceptar que no pueden anticipar todo lo que va a suceder y que sucederán cosas imprevistas, pero eso es parte normal de la vida, y siempre pueden recuperarse y aprender de estas situaciones..

de acuerdo, pero como no querían arriesgarse debido a la tendencia que tenía Joshua a investigar mucho antes de tiempo, minutos antes de que debieran reunirse con nosotros, cambiamos su misión asignada y les dimos otra distinta, para que Joshua no tuviera la tentación de pasar mucho tiempo preparándose antes de la reunión.

Después de unos minutos de confusión e incomodidad, el equipo comenzó a coordinarse. Discutieron lo que les habíamos pedido hacer, y se pusieron de acuerdo sobre lo que tenían que lograr para que su misión fuera considerada exitosa. Revisaron sus respectivos roles. Declararon que permanecerían juntos mientras viajaban en el juego, una práctica que habían adoptado previamente y que evaluaron que había funcionado bien para ellos. Se recordaron a sí mismos de usar la "formación de batalla" si los atacaba el enemigo, una práctica que habían adoptado anteriormente, y que acordaron continuar en este ejercicio de práctica. Si alguien sentía que se había perdido, pidieron que lo dijera inmediatamente para que pudieran cuidar de él o ella, y así lo hicieron. Varias veces enfrentaron problemas, pero pudieron hacer una pausa, realizar juicios sobre lo que estaba pasando, lo que estaba y no estaba funcionando para ellos, e hicieron los ajustes correspondientes. Cuando el tiempo se acabó, no habían completado toda la misión, pero estuvieron muy cerca. Si solo hubieran tenido unos minutos más, habrían tenido éxito.

Cuando le pedimos que reflexionara sobre su estado de ánimo al final del ejercicio, Joshua respondió que estaba en ánimo de confianza en el equipo y mucho más sereno de lo que había estado en ejercicios anteriores. Descubrió que no estaba preocupado de que algo pudiera salir mal. Dijo que, a pesar de que no les permitimos hacer ninguna planificación antes de tiempo, todos conocían sus respectivos roles, tenían prácticas que habían adoptado en ejercicios anteriores que funcionaron bien en éste, y cuando enfrentaron problemas, fueron capaces de hacer juicios y elaborar estrategias que funcionaron. "Tengo menos miedo de cometer errores con este equipo ahora porque sé que si lo hacemos, podemos conversarlo y encontrar una manera de recuperarnos".

Curiosamente, Joshua se sentía más "en control" durante un ejercicio para el cual no estaba preparado, que durante los ejercicios anteriores donde había pasado mucho tiempo alistándose. "Siento como si me hubieran quitado un peso de mis hombros". Otros miembros del equipo compartieron observaciones similares. En consecuencia, mostraron la ambición de seguir practicando su forma de enfrentar la incertidumbre, para que también pudieran aprender a cultivar la serenidad y la autoconfianza en sus vidas reales, y decidieron seguir haciendo sus ejercicios semanales sin practicar de antemano como equipo.

# 7

# Conclusiones

## OTROS AMBIENTES PARA APRENDER A APRENDER

Podemos comenzar a desarrollar la habilidad de aprender a aprender desde una edad muy temprana, incentivando a los niños a experimentar, a asumir riesgos, y también a cometer errores. Las escuelas pueden cumplir un rol importante para cultivar esta capacidad. Sin embargo, es importante tener en cuenta que incluso los niños pequeños harán juicios que no son productivos para su aprendizaje, basados en las experiencias que vayan teniendo y los estándares que vayan adoptando, los que determinarán lo que juzgan como conducta apropiada o inapropiada. En el ejemplo que compartí sobre uno de mis hijos, él cayó en un estado de ánimo de resignación respecto a la posibilidad de destacarse en matemáticas, porque en algún momento no entendió algunos problemas con suficiente rapidez, y esto le llevó a la conclusión de que no era inteligente. En su caso, no puedo imaginar que alguno de sus maestros le haya dicho que para ser inteligente tenía que ser rápido, pero de alguna manera él juzgó que entender algo lentamente, en vez de enseguida, significaba que las matemáticas no eran lo suyo. Si no hubiéramos explorado los juicios que él tenía y que habían provocado su estado de ánimo de resignación, tal vez hoy él no estaría estudiando una carrera científica. Su hermano menor también tuvo un obstáculo de aprendizaje a la madura edad de 5 años. Nos dimos cuenta de que él siempre afirmaba saberlo todo. Aparentemente esto no es extraño; muchas personas me han dicho: "¡Mi hijo/hija/hermana es igual!" Siempre que tratábamos de explicarle algo nuevo, él nos interrumpía y decía que ya lo sabía. Casi siempre que sus hermanos, su padre o yo intentábamos ayudarlo a hacer algo nuevo, él dejaba de escuchar y rápidamente decía: "Ah, sí. ¡Ya lo sé!" Al principio lo encontrábamos divertido, y sus hermanos comenzaron a llamarlo "IKnowThat.com" ("YaLoSé.Com".)[50] Sin embargo, con el tiempo, observé que él no escuchaba muy bien e, incluso, hicimos que le revisaran los oídos. El diagnóstico: sus oídos funcionaban perfectamente, ¡pero escuchar era otro tema! Por alguna razón, tal vez porque es el más joven de tres chicos, él pensaba que era muy importante que pareciera que lo sabía todo. Observando los juicios que las personas regularmente hacen y que dificultan el aprendizaje, pude ver que incluso a los cinco años de edad, mi hijo pensaba que era importante saber siempre todo, y que no estaba bien reconocer que no sabía algo. Después de muchas conversaciones donde nos concentramos en mostrarle que no solo estaba bien no saber algo, sino que era bueno no saber, porque entonces podíamos descubrir algo nuevo, nuestro hijo más pequeño empezó a sentirse más cómodo ante lo que ignoraba, y su apodo, IKnowThat.com, se convirtió en una anécdota divertida acerca de sus primeros años, y ya no describe bien su comportamiento actual (aunque se acercan rápidamente los años de la adolescencia, y tengo la sospecha de que el apodo podría volver a serle apropiado).

Ninguno de nosotros puede evitar caer en estados de ánimo improductivos que pueden bloquear nuestro aprendizaje, pero sí podemos aprender a no quedarnos atrapados en ellos. Si los tomamos en serio, los estados de ánimo improductivos pueden ser una gran ventana para descubrir las expectativas o los estándares de conducta que adoptamos en el pasado y que tal vez ya no nos sirvan para aprender en nuestra situación actual. Si los maestros y otros mentores aprenden a ayudar a sus estudiantes a identificar sus estados de ánimo improductivos, a explorar los juicios que pueden estar provocando esos estados de ánimo en ellos, a descubrir los estándares a los cuales podrían estarse adhiriendo y que podrían ser perjudiciales para su capacidad de seguir adquiriendo habilidades y conocimientos, y les permiten cultivar más estados de ánimo productivos, estarán haciendo un gran aporte a la capacidad de sus estudiantes de aprender a aprender de

---

50　Curiosamente, después de bautizar a su hermano menor con el apodo IKnowThat.com, descubrimos que también era el nombre de un sitio web de educación, que mis hijos terminaron disfrutando durante bastante tiempo.

manera permanente. Desafortunadamente, a veces sin darse cuenta del impacto de sus palabras, los educadores más bien colaboran en lo contrario, ayudando a cultivar estados de ánimo improductivos.

Tanto desde mi rol de madre como desde mi experiencia acompañando a muchas personas que se esfuerzan por aprender nuevas habilidades, he presenciado y sabido de muchas situaciones donde –involuntariamente, estoy segura– un maestro ayudó a cultivar estados de ánimo que no eran conducentes al aprendizaje.[51] Por ejemplo, cuando uno de mis hijos estaba en cuarto básico, cayó en varios estados de ánimo que eran improductivos para aprender a escribir un ensayo de cinco párrafos, un ensayo donde los niños pequeños por primera vez en sus vidas tienen que escribir con una cierta estructura: un párrafo introductorio con una declaración de tesis, tres párrafos que apoyan la tesis, y una conclusión. A mi hijo, hasta ese momento, le encantaba escribir y era muy bueno para escribir cuentos cortos y poemas creativos. Sin embargo, cuando tuvo que escribir un ensayo de cinco párrafos, lo vi caer en los siguientes estados de ánimo:

*Confusión*: No tengo idea de lo que debo hacer. No sé qué quiere mi profesor. No entiendo por qué dice que lo que estoy haciendo está mal.

*Frustración*: Debería saber cómo hacer esto. Mi profesor espera que lo haga mejor, pero por alguna razón, no puedo. Mis ensayos son malos.

*Resignación*: Mi último ensayo fue malo. Me fue mal en la parte escrita de la prueba. Nunca voy a aprender a hacer esto.

*Inseguridad*: Soy malo para esto. Otros niños parecen saber qué hacer. Soy estúpido.

Al igual que su hermano mayor, antes de este suceso, la escuela había sido bastante fácil para él. La disfrutaba, sus maestros lo felicitaban, y le iba bien en todas las asignaturas. Fue una sorpresa tanto para él como para mí cuando su nueva maestra –una profesora que había estado con él du-

---

51    Por supuesto, los profesores no son los únicos que sin querer pueden contribuir a cultivar estados de ánimo de este tipo. Muchas veces, los padres somos culpables de lo mismo.

rante tres semanas– nos dijo que estaba preocupada por su capacidad de aprendizaje porque sus ensayos eran "realmente muy malos" y que "en este nivel debería estar desempeñándose mucho mejor que esto". Ella consideraba que debíamos pensar en someterlo a pruebas para ver si tenía un trastorno de lectura. Ninguno de sus otros maestros me había mencionado alguna preocupación, su última prueba de fin de año lo había colocado en la categoría "avanzada" en Lenguaje, y yo no había notado personalmente ninguna dificultad de aprendizaje. En ese momento, mi corazón comenzó a latir un poco más fuerte y me preocupé de que tal vez se me hubiera escapado algo. Mientras hablamos, me quedó claro que mi hijo no sabía cómo escribir un ensayo de cinco párrafos, y que hasta ese momento en su educación, nunca había tenido que hacer eso. Se había cambiado a este curso tardíamente, y yo no estaba segura de cuánta instrucción había podido recibir sobre cómo escribir estos ensayos. Claramente, su maestra esperaba que él supiera escribir así en ese mismo momento, y estaba preocupada por él. Para no hacer más larga la historia, en el transcurso de los próximos dos meses, mi hijo tuvo grandes dificultades en sus tareas de escritura. Traía a casa ensayos cortos, y me decía que su maestra le había dicho que estaban malos, y que debía escribirlos de nuevo en casa. Le pregunté qué instrucciones o comentarios le había ofrecido la maestra. "Nada". Yo respiré profundo, sabiendo lo que vendría durante las próximas horas: mucho sufrimiento para él y comentarios como los mencionados anteriormente. "Soy estúpido. Algo está mal conmigo. ¡No puedo hacer esto! Soy un mal escritor. No entiendo qué es lo que se supone que debo hacer". Pasaría más de una hora sintiéndose intimidado por lo que tenía que hacer antes de siquiera comenzar a intentarlo. Estaba convencido de que no era un buen escritor y que nunca lo sería. Pero, poco a poco, su autoconfianza en su capacidad de aprender fue creciendo. Usando el modelo Dreyfus de la escala de aprendizaje, hablamos un poco sobre lo que sucede cuando alguien es un principiante en algo, y lo confuso y frustrante que esto puede ser, sobre todo si pensamos que "debemos saber" cómo hacerlo, o si otros creen que deberíamos saber cómo hacerlo. En este caso, él comenzó a ver que no había ninguna razón para que él supiera cómo hacer este tipo de ensayo de inmediato, ya que no le habían enseñado a hacerlo. Hablamos sobre la estructura de un párrafo. Hablamos sobre las declaraciones de tesis, las pruebas de apoyo, y las conclusiones. Él pudo observar que, generalmente, tenía algo interesante que decir, pero que simplemente no sabía las reglas para decirlo en el formato que su maestra requería. Eventualmente, aprendió a escribir un ensayo básico de cinco párrafos, y su maestra le dijo que estaba orgullosa de él. Creció su autoconfianza y ya no sentía que era incapaz de aprender. En la escuela secundaria, logró ingresar al curso avanzado en inglés, pero lo interesante para mí es que es en esa asignatura donde él todavía tiende a dudar de sí mismo con mayor frecuencia, y es la asignatura en que mi marido y yo estamos más alertas para ayudarle a cultivar la autoconfianza, cada vez que sea necesario. Tomar conciencia de los estados de ánimo de nuestros niños, y ayudarlos a que aprendan a salir de los improductivos y a cultivar los que propician su aprendizaje continuo, es, para mí, tan importante como enseñarles las tablas de multiplicar.

Además de la escuela, los entornos de aprendizaje como el que desarrollamos para nuestro programa "Trabajando Eficazmente en Equipos Pequeños" puede ser un uso eficaz de la tecnología como medio para reforzar el cultivo de estas habilidades de una manera divertida y lúdica. Si todavía no has dominado estas habilidades como adulto, no es demasiado tarde. Como demuestra el trabajo que hemos realizado en el curso WEST, puedes empezar a aprender a aprender en el momento en que decidas embarcarte en ese viaje. Se trata de una travesía que vale la pena hacer, porque descubrirás que aprender a aprender te permitirá adquirir cualquier otra habilidad que desees.

## APRENDIENDO A APRENDER A PERMANECER ABIERTOS AL MUNDO QUE NOS RODEA

Aprender a aprender es quizás una de las habilidades más importantes que todo ser humano puede desarrollar. En un mundo que está en un permanente cambio, donde lo que aprendemos hoy puede quedar obsoleto en muy pocos años, la capacidad de aprender y adquirir nuevas habilidades es primordial. Aunque todos podemos estar de acuerdo con esa afirmación, la mayoría de no sabemos qué podemos hacer para desarrollar esta habilidad. Hemos visto en este libro que un aspecto crucial del aprender a aprender es cultivar una disposición que nos permita permanecer abiertos al aprendizaje. Inevitablemente, esto requiere desprendernos de los juicios que pueden obstaculizar nuestra capacidad de aprender y bloquear nuestro aprendizaje. Estos juicios se basan en los estándares que hemos adoptado a lo largo de nuestras vidas y que, aunque pueden haber sido útiles en algunas situaciones –y aún puedan serlo–, tal vez no nos sirvan para el proceso de aprender algo nuevo. A menudo descubrimos los estándares que hemos adoptado, muchas veces inconscientemente, al tomar conciencia sobre nuestros estados de ánimo. Varios de ellos nos cierran sistemáticamente la oportunidad de aprender si no estamos vigilantes, pero hay otros que podemos aprender a cultivar que nos predispondrán a aprender de manera continua.

El aprendizaje no es un evento que se da de una sola vez, sino que se trata de un proceso continuo. Utilizando el modelo de Dreyfus para la adquisición de habilidades, podemos ver que una persona será capaz de realizar diferentes cosas dependiendo del nivel de maestría que tenga de determinada habilidad. Un principiante sigue reglas y realiza preguntas; un experto, dado su vasto repertorio de experiencias, verá rápidamente cómo lograr un objetivo sin pensar en las reglas o los procedimientos a seguir, y así sucesivamente. Sin embargo, es importante tener en cuenta que una persona también experimentará diferentes estados de ánimo en cada una de estas etapas, y caerá regularmente en estados de ánimo que no serán propicios para el aprendizaje continuo. Esta es una parte insoslayable del proceso de aprendizaje. Si queremos seguir aprendiendo y alcanzando nuestros objetivos, debemos aprender a ser conscientes de los estados de ánimo en los que nos encontramos, y aprender a actuar para transformar nuestras predisposiciones anímicas cuando sea necesario, sobre todo, si caemos en aquellos que no son conducentes al logro de nuestras metas.

Aprender a observar nuestros estados de ánimo, y explorar los juicios y estándares que pueden estar generándolos, es una habilidad que solo se puede aprender en la práctica. Esto exige ponernos en situaciones donde experimentemos una montaña rusa de estados de ánimo, y nos comprometamos a tomar acciones que nos permitan transformar aquellos que bloquean nuestro aprendizaje.

La vida real es un maravilloso laboratorio donde aprender, pero dependiendo de las habilidades que estés tratando de desarrollar, podrías sentir miedo, o incluso peligro, al practicar la acción de tomar riesgos y cometer errores. Comprensiblemente, si estamos desarrollando nuestras habilidades para el liderazgo, para construir confianza, para entablar conversaciones más francas y productivas con la gente, podríamos ser reacios a usar nuestro ambiente de trabajo como un laboratorio de aprendizaje. Allí corremos el riesgo de ofender a la persona equivocada, o incurrir en errores de los cuales podría ser difícil recuperarnos. No obstante, es importante tener siempre presente que el aprendizaje requiere práctica, y si queremos cumplir nuestros objetivos de aprendizaje, debemos buscar formas de tomar riesgos con prudencia para cumplirlos, empezando por las personas en que podemos confiar en el trabajo, y en otras áreas de nuestras vidas.

Además, hemos descubierto que los ambientes de juego son útiles para aprender este tipo de habilidades. Como muestran los estudios de caso de las secciones V y VI de este libro, hemos descubierto que, al situar a un equipo real en un ambiente de juego virtual, proporcionando a los jugadores un marco fértil para observar cómo trabajan juntos, espacios de reflexión y una práctica guiada, estas habilidades se pueden desarrollar de una manera divertida y con bajo riesgo. Al ofrecer un entorno donde se pide que las personas se comprometan con otros, practiquen, tomen riesgos y cometan errores, reflexionen y discutan, una y otra vez, hemos descubierto que las personas no solo aprenden nuevas habilidades para la colaboración, sino que lo hacen aprendiendo a aprender, una habilidad que hace mucho más posible que puedan adquirir exitosamente otras habilidades. Al tener esta habilidad, no saber qué hacer no representa un problema, sino una oportunidad para aprender y crecer; con esta habilidad, estamos mucho más predispuestos a permanecer abiertos al mundo que nos rodea, aumentando nuestra capacidad de expandir nuestro mundo y enriquecer nuestras relaciones; y con esta habilidad, estamos mucho menos propensos a tenerle miedo a lo desconocido, incluyendo a las demás personas.

# Bibliografía

Argyris, Chris. "Teaching Smart People How to Learn". *Harvard Business Review* May-June 1991.

Badal, Sangeeta Bharadwaj, and Bryant Ott. "Delegating: A Huge Management Challenge for Entrepreneurs". *Gallup Business Journal* 14 Apr. 2015. http://www.gallup.com/businessjournal/182414/delegating-huge-management-challenge-entrepreneurs.aspx.

Davidson, Kate. "Employers Find 'Soft Skills' Like Critical Thinking in Short Supply". *The Wall Street Journal*. Wsj.com, 30 Aug. 2016. http://www.wsj.com/articles/employers-find-soft-skills-like-critical-thinking-in-short-supply-1472549400.

Davidson, Richard J., and Sharon Begley. *The Emotional Life of Your Brain: How Its Unique Patterns Affect the Way You Think, Feel, and Live – and How You Can Change Them*. New York: Plume, 2012.

Doidge, Norman. *The Brain That Changes Itself: Stories of Personal Triumph from the Frontiers of Brain Science*. Penguin Books, 2007.

Dreyfus, Hubert L. *On the Internet*. London: Routledge, 2001.

Dreyfus, Stuart E. and Dreyfus, Hubert L. *A Five-Stage Model of the Mental Activities Involved in Direct Skill Acquisition*. Rep. U of California, Berkeley. Operations Research Center, 1980.

———. *Beyond Expertise: Some Preliminary Thoughts on Mastery*. Published in *A Qua litative Stance*. Ed. Klaus Nielsen. Aarhus UP, 2008. 113-24.

Dweck, Carol S. *Mindset: The New Psychology of Success*. New York: Random House, 2006.

Ekman, Paul, and Richard J. Davidson. *The Nature of Emotion: Fundamental Questions*. New York: Oxford UP, 1994.

Ekman, Paul. *Emotional Awareness: Overcoming the Obstacles to Psychological Balance and Compassion: A Conversation between the Dalai Lama and Paul Ekman, Ph.D.* New York: Holt Paperback, 2008.

Flores, Fernando. *Conversations for Action and Collected Essays: Instilling a Culture of Commitment in Working Relationships*. Ed. Maria Flores Letelier. CreateSpace Independent Platform, 2012.

Friedman, Thomas L. "How to Get a Job at Google". *The New York Times*. 22 Feb. 2014. http://www.nytimes.com/2014/02/23/opinion/sunday/friedman-how-to-get-a-job-at-google.html

———. "Learning to Keep Learning". *The New York Times*. 13 Dec. 2006. http://www.nytimes.com/2006/12/13/opinion/13friedman.html

———. *The World Is Flat: A Brief History of the Twenty-First Century*. New York: Farrar, Straus and Giroux, 2005.

*The Future of Jobs: Employment, Skills and Workforce Strategy for the Fourth Industrial Revolution*. Rep. World Economic Forum, January 2016. Global Challenge Insight Report.

Goleman, Daniel. *Destructive Emotions: How Can We Overcome Them?: A Scientific Dialogue with the Dalai Lama*. New York: Bantam, 2003.

Groysberg, Boris. "Keep Learning Once You Hit the C-Suite". *Harvard Business Review*. Nov. 2014.

http://hbr.org/2014/06/keep-learning-once-you-hit-the-c-suite

Hansen, Randall S., and Katharine Hansen. "What Do Employers *Really* Want? Top Skills and Values Employers Seek from Job-Seekers". *Quintessential Careers*. Aug. 2008. http://www.physics.emory.edu/faculty/roth/careerskills/soft_skills.pdf

Heidegger, Martin. *Being and Time*. New York: Harper and Row. 1962

Hoskins, Bryony, and Ulf Fredriksson. *Learning to Learn: What Is It and Can It Be Measured?* Rep. Office for Official Publications of the European Communities, 2008. JRC Scientific and Technical Reports.

Nikias, C.L. Max. "What Will the Future of Education Look Like?" *World Economic Forum*. 23 Jan. 2015. http://www.weforum.org/agenda/2015/01/what-will-the-future-of-education-look-like/

Ricci, Mary Cay. *Mindsets in the Classroom: Building a Culture of Success and Student Achievement in Schools*. Prufrock Press, 2013.

Solomon, Robert C., and Fernando Flores. *Building Trust in Business, Politics, Relationships, and Life*. New York: Oxford UP, 2001.

Stansbury, Meris. "Ten Skills Every Student Should Learn". *eSchool News*. 11 Aug. 2011.

http://eschoolnews.com/2011/08/11/ten-skills-every-student-should-learn/

Syed, Matthew. *Black Box Thinking: Why Most People Never Learn from Their Mistakes – But Some Do.* New York: Portfolio Penguin, 2016.

Torkington, Simon. "The Jobs of the Future – and Two Skills You Need to Get Them". World Economic Forum. 2 Sep. 2016. https://www.weforum.org/agenda/2016/09/jobs-of-future-and-skills-you-need

Winograd, Terry A., and Fernando Flores. *Understanding Computers and Cognition: A New Foundation for Design*. Norwood, NJ: Ablex Publ., 1987.

# Sobre la autora

Gloria Flores es cofundadora de Pluralistic Networks Inc. Gloria está comprometida con el desarrollo de métodos innovadores para que las personas puedan aprender a colaborar, construir confianza, y crear valor para los demás. Tiene un interés particular en cómo el mundo de los juegos de rol multijugador en línea pueden ser mejorados y cultivados como entornos para desarrollar nuevas habilidades.

Como consultora, capacitadora y entrenadora, Gloria se ha centrado no solo en los resultados finales, sino también en el desarrollo de habilidades para individuos y equipos que les permitan mejorar su eficiencia, flexibilidad y la satisfacción del cliente, creando un estilo de cuidado e innovación.

Gloria es licenciada en Administración de Empresas de UC Berkeley, y posee un doctorado de la Escuela de Derecho de Cornell. Vive en Oakland, California, con su esposo e hijos.

Made in the USA
Coppell, TX
02 September 2020

35416305R00103